HANS GEORG RUGE

Das Zugangsrecht der Westmächte auf dem Luftweg nach Berlin

Schriften zum Öffentlichen Recht

Band 85

Das Zugangsrecht der Westmächte auf dem Luftweg nach Berlin

Von

Dr. Hans Georg Ruge

DUNCKER & HUMBLOT / BERLIN

Meiner Frau

Vorwort

Die vorliegende Arbeit entstand in den Jahren 1964—1967. Für die mir bei ihrer Fertigstellung von Herrn Professor Dr. Alex Meyer geleistete Unterstützung möchte ich auch an dieser Stelle noch einmal meinen Dank zum Ausdruck bringen.

Daneben bin ich Herrn Rechtsanwalt Dr. Alfred Rudolf aus Köln, der mich zur Wahl des von mir bearbeiteten Themas anregte und mir jederzeit mit Rat und Tat zur Seite stand, zu ganz besonderem Dank verpflichtet.

Endlich gilt mein Dank auch den immer freundlichen und hilfsbereiten Damen in der Bibliothek des Instituts für Völkerrecht an der Freien Universität Berlin.

Hans Georg Ruge

Inhaltsverzeichnis

Teil II

Das Zugangsrecht der Westmächte auf dem Luftweg nach Berlin gegenüber Deutschland

Teil III

Zusammenfassung

Abkürzungsverzeichnis

AJIL	=	American Journal of International Law
AöR	=	Archiv des öffentlichen Rechts
ArchVR	=	Archiv des Völkerrechts
BGBl.	=	Bundesgesetzblatt
BGHZ	=	Entscheidungen des Bundesgerichtshofes in Zivilsachen
BRD	=	Bundesrepublik Deutschland
2. BT Drucks.	=	Verhandlungen des Deutschen Bundestages. 2. Wahlperiode 1953. Anlagen zu den Stenographischen Berichten: Drucksachen
1. BT StenBer	=	Verhandlungen des Deutschen Bundestages. 1. Wahlperiode 1949. Stenographische Berichte
2. BT StenBer	=	Verhandlungen des Deutschen Bundestages. 2. Wahlperiode 1953. Stenographische Berichte
Bulletin	=	Bulletin des Presse- und Informationsamtes der Bundesregierung
BVerfGE	=	Entscheidungen des Bundesverfassungsgerichtes
BYIL	=	British Yearbook of International Law
DA	=	Deutsche Außenpolitik
„DDR"	=	„Deutsche Demokratische Republik"
Dok.	=	Dokument
DVBl.	=	Deutsches Verwaltungsblatt
DzB	=	Dokumente zur Berlin-Frage 1944—1962
EA	=	Europa Archiv
EAC	=	European Advisory Commission
HLKA	=	Haager Landkriegsabkommen
HLKO	=	Haager Landkriegsordnung
ICJ Pleadings	=	International Court of Justice. Pleadings, Oral Arguments, Documents
ICJ Reports	=	International Court of Justice. Reports of Judgements, Advisory Opinions and Orders
IGH	=	Internationaler Gerichtshof
JiaöR	=	Jahrbuch für internationales und ausländisches öffentliches Recht
MDR	=	Monatsschrift für Deutsches Recht
NJW	=	Neue Juristische Wochenschrift
OKW	=	Oberkommando der Wehrmacht
PCIJ Series A	=	Permanent Court of International Justice. Series A: Collection of Judgements
PCIJ Series B	=	Permanent Court of International Justice. Series B: Collection of Advisory Opinions
RGA	=	Rechtsgutachten
RGBl.	=	Reichsgesetzblatt
SBZ	=	Sowjetische Besatzungszone
SJZ	=	Süddeutsche Juristen-Zeitung
StIG	=	Ständiger Internationaler Gerichtshof
SU	=	Sowjetunion
v.	=	versus = gegen (bei Gerichtsentscheidungen englischer Sprache)
VR	=	Völkerrecht
WbVR	=	Wörterbuch des Völkerrechts
ZaöRV	=	Zeitschrift für ausländisches öffentliches Recht und Völkerrecht
ZIR	=	Zeitschrift für internationales Recht
ZLW	=	Zeitschrift für Luftrecht und Weltraumrechtsfragen

Einleitung

Gegenstand der vorliegenden Arbeit ist die Frage nach der rechtlichen Grundlage des für die Freiheit von Berlin (West) entscheidenden Luftverkehrs der Westmächte zwischen dem Westen und der von der sowjetischen Besatzungszone Deutschlands umgebenen Stadt Berlin.

Da dieser Luftverkehr in Deutschland über Gebiete mit unterschiedlichem Rechtsstatus[1] führt, soll in Teil I der Arbeit das Zugangsrecht[2] der Westmächte auf dem Luftweg nach Berlin gegenüber der Sowjetunion als Besatzungsmacht in Mitteldeutschland und in Teil II das Zu-

---

[1] Ein Eingehen auf die Problematik zur Rechtslage Deutschlands würde den Rahmen dieser Arbeit sprengen. (Vgl. dazu u. a.: *Scheuer*, Die Rechtslage des geteilten Deutschland, 1960; *Schuster*, Deutschlands staatliche Existenz im Widerstreit politischer und rechtlicher Gesichtspunkte, 1963; *v. Bieberstein*, Zum Problem der völkerrechtlichen Anerkennung der beiden deutschen Regierungen, 1959). Im folgenden wird von der in der Bundesrepublik Deutschland offiziell vertretenen Auffassung zur Rechtslage Deutschlands ausgegangen, die in der Völkerrechtsgemeinschaft weitgehend Zustimmung gefunden hat. Danach besteht das Deutsche Reich rechtlich bis heute fort und wird allein durch die mit ihm identische souveräne Bundesrepublik Deutschland staatlich repräsentiert. (Vgl. dazu z. B.: Regierungserklärungen Adenauers vom 21. 10. 1949, 1. BT Sten. Ber., S. 308; vom 7. 4. 1954, 2. BT Sten. Ber., S. 794; vom 22. 9. 1955, 2. BT Sten. Ber., S. 5646; Memorandum des Auswärtigen Amtes über die völkerrechtliche Lage Deutschlands vom Juni 1961, abgedruckt in: ZaöRV, Bd. 23 (1963), S. 452 ff.; Rede Bundespräsident Lübkes vom 17. 6. 1961 in Kiel, Bulletin 1961, S. 1074; Rede des Bundestagspräsidenten Gerstenmaier vom 18. 1. 1961, 3. BT Sten. Ber., S. 7852; Rede des Bundesministers für Gesamtdeutsche Fragen, Lemmer, vom 20. 1. 1961, 3. BT Sten. Ber., S. 7904; Rede des Bundesratspräsidenten Ehard vom 17. 6. 1962, Bulletin 1962, S. 889; Regierungserklärung vom 19. 8. 1963 anläßlich der Unterzeichnung des „Vertrages über das Verbot von Kernwaffenversuchen vom 5. 8. 1963", Bulletin Nr. 147 vom 20. 8. 1963; Rede des Bundeskanzlers vom 17. 6. 1964, Bulletin 1964, S. 878; Rede des Bundestagspräsidenten zur Eröffnung der Bundesversammlung in Berlin am 1. 7. 1964 sowie die Rede Lübkes nach seiner Wiederwahl durch die Bundesversammlung, 4. Bundesversammlung der BRD, S. 4 D bzw. 7 B; Regierungserklärung Bundeskanzler Erhards vom 10. 11. 1965, 5. BT Sten. Ber., S. 29; Regierungserklärung Bundeskanzler Kiesingers vom 13. 12. 1966, 5. BT Sten. Ber., S. 3656 ff.; vgl. auch die sog. „Bezeichnungsrichtlinien" des Bundesministeriums für Gesamtdeutsche Fragen vom Juli 1965, GMBl. 1965 (24), S. 227 f.). Ein zweiter deutscher Staat besteht nach dieser Auffassung nicht. Nach wie vor handelt es sich vielmehr in Mitteldeutschland um einen von der Sowjetunion besetzten Teil Deutschlands. (Vgl. dazu z. B.: Regierungserklärung Brentanos vom 28. 6. 1956 zur Wiedervereinigung, in: *Siegler*, Bd. I, S. 547; Memorandum des Auswärtigen Amtes über die völkerrechtliche Lage Deutschlands vom Juni 1961, abgedruckt in: ZaöRV, Bd. 23 (1963), S. 452 ff. (456 f.); Note der Bundesregierung an die Regierung Kubas vom 14. 1. 1963, Bulletin 1963, S. 69 f.; Denkschrift der Bundesregierung zum „Vertrag über das Verbot von Kern-

gangsrecht der Westmächte gegenüber Deutschland als dem Staat, durch
dessen Staatsgebiet die von den Westmächten im Berlinverkehr beflogenen Luftlinien führen, untersucht werden.

---

waffenversuchen vom 5. 8. 1963" unter Nr. 4 vor Buchstabe a, abgedruckt in:
ZaöRV, Bd. 25 (1965), S. 333 ff. (334); Regierungserklärung vom 19. 8. 1963 anläßlich der Unterzeichnung des „Vertrages über das Verbot von Kernwaffenversuchen vom 5. 8. 1963", Bulletin Nr. 147 vom 20. 8. 1963; Rede Bundespräsident Lübkes vom 17. 6. 1963, in: *Siegler,* Bd. III, S. 247 f.; Rede Lübkes vom
1. 1. 1964, a.a.O., S. 306; vgl. auch die sog. „Bezeichnungsrichtlinien" des Bundesministeriums für Gesamtdeutsche Fragen vom Juli 1965, GMBl. 1965 (24),
S. 227 f.).

² Unter „Zugangsrecht" ist im folgenden immer das „Zugangsrecht der Westmächte auf dem Luftweg nach Berlin" zu verstehen.

TEIL I

Das Zugangsrecht der Westmächte auf dem Luftweg nach Berlin gegenüber der Sowjetunion als Besatzungsmacht in der sowjetischen Besatzungszone (SBZ)

Als Besatzungsmacht in Mitteldeutschland[1] übt die Sowjetunion dort auch heute noch — wenn auch zum großen Teil verdeckt durch deutsche Organe — die tatsächliche Herrschaftsgewalt aus[2]. Daraus folgt, daß *sie*, nicht aber die „DDR", der wahre Gegner der Westmächte in dem Streit um das Zugangsrecht der Westmächte nach Berlin ist. Daß dies zutrifft, wird auch durch die sich nun schon über mehr als 20 Jahre hinziehenden den Luftverkehr der Westmächte nach Berlin betreffenden Auseinandersetzungen zwischen den vier Mächten eindrucksvoll bewiesen. Nach einem historischen Rückblick auf diese Auseinandersetzungen soll daher untersucht werden, ob ein Zugangsrecht der Westmächte auf dem Luftweg nach Berlin *im Verhältnis zur Sowjetunion* begründet worden ist, ob es, wenn diese Frage zu bejahen ist, bis heute fortbesteht und endlich, welchen Inhalt es hat.

A. Die Auseinandersetzungen zwischen den vier Mächten über den Luftverkehr der Westmächte nach Berlin von 1945 bis heute[3]

Die Frage des Luftverkehrs der Westmächte nach Berlin wurde offiziell[4] zum ersten Mal im Juni 1945 in einem zwischen Premierminister Churchill, Präsident Truman und Generalissimus Stalin geführten

---

[1] Darunter soll hier die der Sowjetunion im „Protokoll zwischen den Vereinigten Staaten, Großbritannien und der Sowjetunion über die Besatzungszonen in Deutschland und die Verwaltung von Groß-Berlin vom 12. 9. 1944" (Londoner Protokoll) zur Besetzung zugewiesene Zone verstanden werden.

[2] Vgl. dazu die Anmerkung in der Einleitung.

[3] Dazu siehe auch *Kuhn*, Die Regelung der Verkehrsverbindungen nach Berlin 1945—1946, in: EA, 1959, S. 447—466; *Riklin*, Zur Frage des Luftverkehrs zwischen Westdeutschland und Berlin, in: Moderne Welt, 1961—62, S. 292—301; ders., in: Berlinproblem, 1964.

[4] Über die vorangegangene interne Erörterung auf Seiten der Westmächte siehe *Kuhn*, a.a.O., S. 449—452; siehe auch *Franklin*, Zonal Boundaries and Access to Berlin, in: World Politics, Vol. 16 (1963/64), S. 1 ff.; *Mosely*, The Occupation of Germany. New Light on How the Zones Were Drawn, in: Foreign Affairs, Vol. 28 (1949/50), S. 580 ff.

Schriftwechsel[5] über den Einmarsch der alliierten Truppen in die im Londoner Protokoll vereinbarten Besatzungsräume erwähnt[6].

Die ersten ausdrücklichen Vereinbarungen über das Zugangsrecht der Westmächte auf dem Luftweg nach Berlin wurden auf der Berliner Konferenz vom 29. Juni 1945[7] zwischen den stellvertretenden Militärgouverneuren der Vereinigten Staaten und Großbritanniens, General Clay und General Weeks und dem sowjetischen Militärgouverneur Marschall Schukow getroffen. Diese vorläufigen, mündlich[8] getroffenen Vereinbarungen sahen für den Verkehr der Westmächte zwischen ihren Besatzungszonen in Westdeutschland und ihren Berliner Besatzungssektoren neben einer Straßen- und einer Eisenbahnverbindung auch *zwei Luftkorridore*[9] vor.

In den ihrem Einmarsch in Berlin Anfang Juli 1945 folgenden Monaten führten die Westmächte den Luftverkehr nach Berlin auf der Grundlage der am 29. Juni 1945 getroffenen Vereinbarungen durch. Diese Vereinbarungen erwiesen sich jedoch schon bald als unzureichend. Die ungenaue Abgrenzung der Luftkorridore[10] führte im Herbst 1945 zu Auseinandersetzungen zwischen den Alliierten, in deren Verlauf von sowjetischer Seite mehrfach gegen eine Verletzung der Korridorgrenzen durch Flugzeuge der Westmächte protestiert wurde[11]. Hinzu kam die durch den starken Flugverkehr[12], den Mangel an einheitlichen Flugvorschriften, sowie das Fehlen der erforderlichen navigatorischen und sonstigen flugtechnischen Hilfsmittel bedingte Gefährdung der Flugsicherheit.

---

[5] Stalin's Correspondence with Churchill, Attlee, Roosevelt and Truman, Bd. I, S. 365—368 und Bd. II, S. 245—248; deutscher Text der Korrespondenz zwischen Truman und Stalin auch in: DzB, Dok. Nr. 15.

[6] Zu dieser Zeit war ganz Berlin von der Roten Armee besetzt, während die Westmächte einen großen Teil der im Londoner Protokoll der Sowjetunion zugewiesenen Besatzungszone besetzt hielten.

[7] Zu dieser Konferenz siehe im einzelnen *Kuhn*, a.a.O., S. 455—457; *Clay*, Entscheidung in Deutschland, 1950, S. 40—42; *Truman*, Memoiren, Bd. I, S. 291; *Montgomery*, Memoiren, S. 431.

[8] Die westlichen Vertreter wollten keine Regelung unterzeichnen, die „weniger als das Recht auf uneingeschränkten Zugang festlegte", so *Clay*, a.a.O., S. 41.

[9] Die Angaben über die hinsichtlich der Luftkorridore getroffenen Vereinbarungen gehen auseinander: Während *Clay*, a.a.O., S. 41 und *Truman*, a.a.O., S. 291 von zwei Korridoren sprechen, ist bei *Montgomery*, a.a.O., S. 432 nur von einem Korridor die Rede.

[10] Ob es sich bei diesen Korridoren überhaupt um genau abgegrenzte Lufträume handelte, ist nicht sicher. Während *Davison* (Die Blockade von Berlin. Modellfall des kalten Krieges, 1959, S. 53) berichtet, daß die Flugzeuge entlang der Eisenbahnlinie oder der Autobahn Berlin—Helmstedt hätten fliegen müssen, spricht *Truman*, a.a.O., S. 291 von einem 20 englische Meilen breiten Korridor von Berlin nach Magdeburg, der sich dort in zwei Arme teilte.

[11] *Eisenhower*, Crusade in Europe, New York 1948, S. 445; *Clay*, Entscheidung in Deutschland, 1950, S. 135.

[12] Nach *Kuhn* (Die Regelung der Verkehrsverbindungen nach Berlin 1945—1946, in: EA, 1959, S. 460) wurde allein Tempelhof in den Monaten Juli, August, September 1945 täglich von durchschnittlich 160 Maschinen angeflogen.

Zur Beseitigung dieser Mißstände wurden vom Alliierten Kontrollrat[13] auf seiner 13. Sitzung vom 30. November 1945 durch das sogenannte Luft-korridorabkommen drei je 20 englische Meilen breite Luftkorridore — Berlin—Hamburg, Berlin—Bückeburg, Berlin—Frankfurt/Main — ge-schaffen, die dem Luftverkehr der „Deutschland regierenden Nationen" dienen sollten[14].

Außerdem wurden durch das am 18. 12. 1945 vom Luftfahrtdirektorat gebilligte Abkommen über die „Flugvorschriften für Flugzeuge, die die Luftkorridore in Deutschland und die Kontrollzone Berlin befliegen", einheitliche Flugvorschriften geschaffen[15]. Durch dieses Abkommen über die Flugvorschriften wurden die Grenzen der Luftkorridore genau fest-gelegt, eine Berliner Luftkontrollzone geschaffen, die Aufgaben der Luftsicherheitszentrale Berlin festgelegt und Flugregeln für den Luft-verkehr in den Korridoren nach Berlin und der Kontrollzone um Berlin aufgestellt.

Nach Abschluß der erwähnten Vereinbarungen verlief der sich stän-dig verstärkende[16] westalliierte Luftverkehr nach Berlin zunächst rei-

---

[13] Der Alliierte Kontrollrat wurde auf Grund des Londoner Abkommens über die Kontrolleinrichtungen in Deutschland vom 14. November 1944 (Text in: United Nations Treaty Series Bd. 236, 360—367; DzB, Dok. Nr. 3) errichtet. Er hatte seinen Sitz in Berlin und setzte sich aus den auf Weisung ihrer Regie-rungen handelnden vier alliierten Oberbefehlshabern in Deutschland zusam-men und übte in allen Deutschland als Ganzes betreffenden Fragen die oberste Gewalt in Deutschland aus (Art. 1 des Abkommens vom 14. 11. 1944).
Die dem Kontrollrat unmittelbar nachgeordnete interalliierte Kontrollbe-hörde war der gem. Art. 4 des Abkommens vom 14. 11. 44 gebildete Koordinie-rungsausschuß, der sich aus den vier stellvertretenden Oberbefehlshabern in Deutschland zusammensetzte.
Dem Koordinierungsausschuß wiederum war ein Kontrollstab unterstellt, der sich aus einer Reihe von verschiedene Sachgebiete verwaltenden Abtei-lungen zusammensetzte (vgl. dazu Art. 5 und 6 des Abkommens vom 14. 11. 44), zu denen auch das Luftfahrtdirektorat gehörte.
Den „Direktoraten" des Kontrollstabes unterstanden wieder jeweils Aus-schüsse, so dem Luftfahrtdirektorat der Luftfahrtausschuß. (Zur Organisation und zu den Aufgaben der alliierten Kontrollbehörden siehe im einzelnen Klein, Neues Deutsches Verfassungsrecht, 1949, S. 51 ff.).
[14] DzB, Dok. Nr. 34 in Verbindung mit Dokument Nr. 33; englisch in: Do-cuments Regarding Air Access to Berlin. Hrsg. vom US-State Department. Press Release vom 8. 9. 61; vgl. Dokumentenanhang, Dok. Nr. 1—3.
[15] Text der Flugvorschriften in der vom Luftfahrtdirektorat verabschiedeten 2. abgeänderten Fassung vom 22. Oktober 1946, in: DzB, Dok. Nr. 37; engl. in: Documents Regarding Air Access to Berlin. Hrsg. vom US-State Department. Press Release 8. 9. 1961; vgl. Dokumentenanhang, Dok. Nr. 4.
[16] Regelmäßige zivile Berlinflüge führte am 20. Mai 1946 die amerikanische Fluggesellschaft „American Overseas Airlines" ein, die später in der „Pan American World Airways" aufging (vgl. dazu die amerikanische Note an die Sowjetunion vom 8. 9. 1961 in: DzB, Dok. Nr. 356; engl. in: The Department of State Bulletin, Bd. XLV, Nr. 1161, S. 511 ff.); am 1. September 1946 nahm auch die „British European Airways" den regelmäßigen Flugverkehr nach Berlin auf (vgl. dazu die britische Note vom 8. 9. 61 an die Sowjetunion, Text in:

bungslos. Dies änderte sich aber mit den seit 1946 wachsenden Spannungen zwischen den Westmächten und der Sowjetunion. Der auf den Tagungen des alliierten Außenministerrates[17] in Paris[18], Moskau[19] und London[20] auf Grund der sowjetischen Haltung gescheiterte Versuch, sich auf eine gemeinsame Deutschlandpolitik zu einigen, ließ das Ziel der sowjetischen Politik, sich neben ihrer eigenen Besatzungszone auch ganz Berlin einzuverleiben und die Westmächte zum Abzug aus ihren Berliner Besatzungssektoren zu zwingen, deutlich erkennen[21]. Diesem Ziel dienten auch die seit Anfang 1948 von der Sowjetunion ergriffenen Maßnahmen zur Störung des Berlinverkehrs, die sich rückschauend bereits als erste Vorboten der Blockade von Berlin (West) darstellen. Ein Teil dieser Störversuche richtete sich gegen den Luftverkehr der Westmächte nach Berlin:

So verlangte die Sowjetunion im März 1948 von den Westmächten die Einstellung aller Blind- und Nachtflüge nach Berlin sowie die Beschränkung des Luftverkehrs auf solche Flüge, die für die Versorgung der westlichen Garnisonen in Berlin erforderlich seien[22].

Anfang April 1948 verursachte ein sowjetischer Jagdflieger über dem britischen Flugplatz Gatow einen Zusammenstoß mit einem britischen Transportflugzeug, bei dem die 14 Insassen des britischen Flugzeuges und der sowjetische Pilot getötet wurden[23]. In dem anschließenden Austausch von Protestnoten zwischen dem britischen Militärgouverneur Robertson und dem sowjetischen Militärgouverneur Sokolowski gab dieser dem britischen Piloten die alleinige Schuld und forderte darüber hinaus erneut eine Einschränkung des westlichen Luftverkehrs nach Berlin. Neben der

---

Selected Documents on Germany and the Question of Berlin 1944—1961, Commandpapers, 1552, Doc. Nr. 197, p. 481); die „Air France" als die dritte Berlin (West) bis heute im planmäßigen Linienverkehr anfliegende Fluggesellschaft schloß sich erst im Januar 1950 an (vgl. dazu „Der Tagesspiegel" vom 26./27. September 1965, S. 22).

[17] Der alliierte Außenministerrat wurde auf Grund des Potsdamer Abkommens vom 2. 8. 1945 errichtet. Seine Aufgabe sollte in der Vorbereitung von Friedensverträgen mit verschiedenen europäischen Staaten sowie der Friedensregelung mit Deutschland bestehen (siehe Abschnitt II des Potsdamer Abkommens, abgedruckt in: DzB, Dok. Nr. 21, S. 19).

[18] Der Außenministerrat tagte in 2 Sitzungen vom 25. 4.—15. 5. 1946 und vom 15. 6.—12. 7. 1946, siehe dazu: *Byrnes*, In aller Offenheit, o. J., S. 178—187; *Clay*, Entscheidung in Deutschland, S. 148—153.

[19] Tagung vom 10. 3.—24. 4. 1947, siehe dazu: *Clay*, a.a.O., S. 170—177; *Deuerlein*, Die Einheit Deutschlands, Bd. I, 1961, S. 142—148.

[20] Tagung vom 25. 11.—15. 12. 1947, siehe dazu: *Clay*, a.a.O., S. 381—388; *Deuerlein*, a.a.O., S. 148—152.

[21] Siehe dazu im einzelnen *Riklin*, Berlinproblem, S. 40—62.

[22] *Davison*, Die Blockade von Berlin, S. 88 ff.; „New York Times", vom 25. 3. 1948.

[23] *Davison*, S. 89; „New York Times", vom 6. April 1948.

Einstellung der Blind- und Nachtflüge sowie aller Zivilflüge verlangte Sokolowski, daß alle Berlinflüge der Westmächte 24 Stunden vor Antritt des Fluges angemeldet werden müßten und nur nach sowjetischer Genehmigung durchgeführt werden dürften[24].

Die Vereinigten Staaten und Großbritannien verwiesen gegenüber den sowjetischen Forderungen auf die Viermächtevereinbarungen über den Luftverkehr und erklärten, daß sie bei sowjetischen Eingriffen in den Luftverkehr nach Berlin ihren Maschinen notfalls Jagdgeleit geben würden[25]. Als die Sowjetunion erkannt hatte, daß die Westmächte auf ihren Rechten in Berlin beharrten, erklärte sie ihren Austritt aus dem Alliierten Kontrollrat[26] und der Alliierten Kommandantur[27] und verhängte im Juni/Juli 1948[28] eine vollständige Blockade[29] über alle Land- und Wasserwege zwischen den westlichen Besatzungszonen und den Westsektoren Berlins. Die Westmächte reagierten auf die Blockade der Land- und Wasserwege nach Berlin mit Protesten[30] und Erklärungen, daß sie sich nicht aus Berlin vertreiben lassen würden[31]. Für die Versorgung ihrer Garnisonen und der Westberliner Bevölkerung bedienten sie sich des einzigen noch freien Verbindungsweges, *des Luftweges.* Am Morgen des 25. Juni 1948 landeten in Berlin (West) die ersten Flugzeuge mit Nahrungsmitteln für die Berliner Bevölkerung[32]. In den folgenden Wochen und Monaten wurde die „Luftbrücke" ständig aus-

---

[24] *Davison,* S. 89 f.; „New York Times", vom 11. April 1948.

[25] Vgl. etwa die Erklärung General Clay's in der „New York Tides" vom 25. 4. 1948; *Davison,* S. 91.

[26] Am 20. März 1948 („Tägliche Rundschau" vom 21. März 1948, abgedruckt in: DzB, Dok. Nr. 43).

[27] Am 1. Juli 1948 (DzB, Dok. Nr. 48).

[28] Die Abschnürung Berlins (West) von den westlichen Besatzungszonen erfolgte etappenweise: am 19. 6. 1948 wurde der Passagierzugverkehr und der Personen- und Güterverkehr auf der Autobahn gesperrt (DzB, Dok. Nr. 50); am 24. 6. 1948 wurde der Güterzugverkehr gesperrt (DzB, Dok. Nr. 56); am 8. 7. 1948 wurde der Schiffsverkehr gesperrt (Berlin. Behauptung von Freiheit und Selbstverwaltung 1946 bis 1948, Hrsg. im Auftrage des Senats von Berlin, Berlin (West) 1959, S. 546).

[29] Zur Blockade im einzelnen siehe: *Davison,* Die Blockade von Berlin. Modellfall des Kalten Krieges. Frankfurt 1959.

[30] Am 6. Juli 1948 wurden den Sowjetvertretern in Washington, London und Paris gleichlautende Protestnoten der Westmächte gegen die Blockade von Berlin (West) übergeben. Siehe dazu: *Davison,* S. 156; „The Berlin Crisis: A Report on the Moscow Discussions, 1948", Veröffentlichung 3298 des amerikanischen Außenministeriums, Washington, September 1948, S. 7 f.

[31] Vgl. die Erklärung des amerikanischen Stadtkommandanten von Berlin, General Clay, vom 24. 6. 48 (Berlin. Behauptung von Freiheit und Selbstverwaltung 1946—1948, S. 521); Erklärung des britischen Außenministeriums vom 26. 6. 1948 (a.a.O., S. 526); Erklärung des amerikanischen Außenministers Marshall und des britischen Außenministers Bevin vom 30. 6. 1948 (Documents on International Affairs 1947—1948, S. 582—585; *Davison,* S. 147—148).

[32] *Clay,* S. 405; *Davison,* S. 133.

gebaut[33] und bewährte sich entgegen allen Erwartungen[34] als ein wirksames Instrument gegen die Blockade von Berlin (West).

Die Sowjetunion, die ihren Plan, die Westmächte durch Aushungerung der Westsektoren Berlins zum Abzug aus der Stadt zu zwingen, durch die Luftbrücke gefährdet sah, setzte ihre bereits seit Anfang 1948 gegen den westlichen Luftverkehr nach Berlin geführte Kampagne seit Juli 1948 verstärkt fort:

In einer sowjetischen Note vom 6. Juli 1948 wurde gegen angebliche Verletzungen der zwischen den vier Mächten verbeinbarten Luftverkehrsvorschriften durch die Amerikaner sowie dagegen protestiert, daß die sowjetischen Vertreter in der Luftsicherheitszentrale über den amerikanischen Luftverkehr in den Korridoren nur ungenügend unterrichtet würden[35]. Am selben Tage erschienen vier sowjetische Offiziere in der Berliner Luftsicherheitszentrale und wiederholten den Protest gegen den „Bruch der Verkehrsvorschriften" durch amerikanische Flugzeuge[36]. In einem weiteren Protest vom 10. 7. 1948 beschwerte sich die sowjetische Militärregierung bei der amerikanischen und britischen Militärregierung über undiszipliniertes, die Flugsicherheit gefährdendes Fliegen amerikanischer und britischer Piloten und verlangte die sofortige Einstellung derartiger Flüge[37].

Diese Vorwürfe wurden am 15. 7. 1948 von der „Täglichen Rundschau"[38] wiederholt, wobei noch die Drohung hinzugefügt wurde, nach sowjetischer Ansicht sei die Zeit für eine Regelung des Korridorproblems gekommen[39].

Wohl zur Unterstreichung dieser Drohung wurde am 10. August 1948 eine amerikanische Transportmaschine im Luftkorridor nach Frankfurt/ Main von sowjetischer Flak beschossen[40].

Einen weiteren Versuch zur Drosselung des westlichen Luftverkehrs nach Berlin unternahm die Sowjetunion bei den Anfang September 1948 in Berlin zwischen den vier Militärgouverneuren über die Aufhebung der Blockade geführten Verhandlungen. Der sowjetische Vertreter, Marschall Sokolowski, machte bei dieser Gelegenheit die Aufhebung der Blockade von einer Einschränkung des Luftverkehrs nach Berlin auf den Bedarf

---

[33] Die Tagesleistungen der Luftbrücke stiegen von 2980 Tonnen im August 1948 (Berlin 1946—1948, S. 621) auf 8000 Tonnen im Frühjahr 1949 (*Clay*, S. 426).
[34] *Davison*, S. 139 und 189.
[35] *Davison*, S. 156.
[36] *Davison*, S. 157; „New York Times" vom 7. und 8. Juli 1948.
[37] *Davison*, S. 160.
[38] Die „Tägliche Rundschau" war das Presseorgan der sowjetischen Militärverwaltung in Deutschland.
[39] „Tägliche Rundschau", vom 15. 7. 1948; *Davison*, S. 162.
[40] „Die Welt", vom 8. April 1965, S. 3.

der westlichen Garnisonen abhängig. Zur Begründung berief er sich auf das am 30. November 1945 vom Kontrollrat verabschiedete Luftkorridorabkommen[41], in dem ein ziviler Luftverkehr der Westmächte nach Berlin nicht vorgesehen sei[42].

Die Forderung nach einer Einstellung des von den Westmächten zwischen Westdeutschland und Berlin durchgeführten zivilen Luftverkehrs wurde in der den westlichen Botschaften am 18. 9. 1948 in Moskau übergebenen sowjetischen Note wiederholt[43].

Darüber hinaus erhob die Sowjetunion bei den Westmächten häufig Protest gegen angebliche Verletzungen der Korridorgrenzen und der Flugsicherheitsvorschriften[44], die gelegentlich mit der Drohung verbunden wurden, daß bei Verstößen gegen die Flugvorschriften die betreffenden Maschinen zur Landung gezwungen würden[45].

Um die geschilderten diplomatischen Vorstöße, Drohungen und Einschüchterungsversuche noch zu unterstreichen, führten die Sowjets insbesondere im Herbst 1948 in den Luftkorridoren nach Berlin ständig Formationsflüge, Schießübungen, Fallschirmabsprünge und Bombenzielwürfe durch[46].

Die Westmächte ließen sich durch diese Störversuche nicht beirren. Sie betonten ihr Recht auf eine unbeschränkte Benutzung der Luftkorridore nach Berlin[47] und wiesen die sowjetischen Proteste als unbegründet zurück. Im übrigen gelang es ihnen, durch ständige Verstärkung der Luftbrücke[48] in Berlin (West) einen erträglichen Lebensstandard aufrechtzuerhalten. Anfang 1949 erkannte die Sowjetunion, daß sich das Ziel der Vertreibung der Westmächte aus Berlin durch die Blockade nicht erreichen lassen würde. Sie nahm Verhandlungen mit den Westmächten auf, die am 4. Mai 1949 zum Abschluß des New Yorker Viermächteabkommens über die Aufhebung der Blockade führte[49]. Durch den Befehl

---

[41] Vgl. oben S. 17.

[42] Gemeinsamer Bericht der britischen, amerikanischen und französischen Militärgouverneure in Deutschland vom 7. September 1948 über die Berliner Besprechungen der vier Militärgouverneure in: DzB, Dokument Nr. 61.

[43] Text der Note in: Die Sowjetunion und die Berliner Frage. Dokumente. Hrsg. vom Ministerium für Auswärtige Angelegenheiten der UdSSR, Bd. I, Moskau 1948, S. 54—58.

[44] „New York Times", vom 4. 10. 1948; *Davison*, S. 240 f.

[45] Vgl. dazu „New York Times", vom 11. und 13. November 1948; *Davison*, S. 241.

[46] Vgl. dazu „New York Times" vom 25. und 30. September, 5., 6., 7. und 8. Oktober und 11. November 1948; *Davison*, S. 240.

[47] Vgl. die Noten der Westmächte an die Sowjetunion vom 22. und 27. September 1948, in: DzB, Dokumente Nr. 64 und 67.

[48] Vgl. oben S. 20, Anm. 33.

[49] Text in: DzB, Dokument Nr. 81; englisch, französisch und russisch in: United Nations Treaty Series, Vol. 138, S. 123.

Nr. 56 des obersten Chefs der sowjetischen Militärverwaltung in Deutschland vom 9. Mai 1949[50] wurde die Blockade dem New Yorker Abkommen entsprechend mit Wirkung vom 12. Mai 1949 aufgehoben. Auf der Tagung des Außenministerrates in Paris am 20. Juni 1949 wurde das New Yorker Viermächteabkommen vom 4. 5. 1949 ausdrücklich bestätigt[51].

Der Aufhebung der Blockade folgte, wenn man von zwei allerdings schweren Luftzwischenfällen in den Jahren 1952[52] und 1953[53] absieht, eine zehnjährige Periode der Ruhe im Luftverkehr der Westmächte nach Berlin.

Erst nach dem Berlin-Ultimatum der Sowjetunion vom 27. November 1958[54], durch das eine neue Berlin-Krise entfacht wurde, ergaben sich auch für den Luftverkehr zwischen der Bundesrepublik Deutschland und Berlin (West) neue Schwierigkeiten. Als die Westmächte auf die in der Berlin-Note der Sowjetunion vom 27. 11. 1958 ultimativ gestellte Forderung zur Bildung einer „freien Stadt Westberlin" und den damit verbundenen Abzug ihrer Streitkräfte aus der Stadt nicht eingingen, nahm die Sowjetunion im Rahmen einer allgemeinen Kampagne gegen die Rechtsstellung der Westmächte in Berlin auch ihre im Jahre 1949 eingestellten Angriffe gegen den westlichen Luftverkehr in den Korridoren nach Berlin wieder auf:

Am 27. März 1959 wurde eine unbewaffnete amerikanische Transportmaschine, die im Luftkorridor Frankfurt—Berlin in einer Höhe von ungefähr 7000 m flog, von sowjetischen Düsenjägern belästigt. Anschließend erhob die Sowjetunion bei der Regierung der Vereinigten Staaten Protest wegen „grobe(r) Verletzung der auf dieser Route bestehenden Flugordnung" und behauptete, das betreffende amerikanische Flugzeug habe höchstens in einer Höhe von 3050 m fliegen dürfen, da das „die größte den Westmächten in den Luftkorridoren erlaubte Flughöhe" sei[55].

In der amerikanischen Antwortnote wurde darauf hingewiesen, daß die Vereinigten Staaten niemals eine Beschränkung ihres Rechtes, in den

---

[50] Text in: DzB, Dokument Nr. 82.

[51] DzB, Dokument Nr. 89.

[52] Am 29. 4. 1952 wurde ein französisches Verkehrsflugzeug — angeblich weil es außerhalb der Korridorgrenzen geflogen sei — von sowjetischen Jagdflugzeugen beschossen. Dabei wurden zwei Passagiere schwer verletzt, das Flugzeug schwer beschädigt (Keesing's Archiv der Gegenwart, 1952, S. 3450; „Die Welt", vom 8. 4. 1965, S. 3).

[53] Am 12. 3. 1953 wurde ein britischer Bomber von sowjetischen Düsenjägern im Luftkorridor Berlin—Hamburg abgeschossen, wobei die sechsköpfige Besatzung getötet wurde („Die Welt", vom 8. 4. 1965, S. 3).

[54] DzB, Dokument Nr. 241; „Prawda" vom 28. 11. 1958.

[55] Note der sowjetischen Regierung an die amerikanische Regierung vom 4. 4. 1959, Text in: DzB, Dokument Nr. 286; „Prawda" vom 6. 4. 1959.

Korridoren in beliebiger Höhe zu fliegen, anerkannt hätten. Auch in Zukunft würden Flüge in Höhen von mehr als 3050 m durchgeführt werden, „wann immer das Wetter und die technischen Merkmale der Ausrüstung" der Flugzeuge es erforderten[56].

In einem weiteren Vorstoß gegen die Freiheit des Luftverkehrs in den Korridoren nach Berlin stellte die Sowjetunion erneut die zuletzt vor 13 Jahren[57] erhobene Behauptung auf, die Luftkorridore seien nur zeitweilig zur Versorgung der westlichen Garnisonen, nicht aber für kommerzielle Flüge nach Berlin eingerichtet worden. Die Benutzung der Luftkorridore für die „Einschleusung" von „Revanchisten, Extremisten, Wühlagenten, Spionen und Diversanten" nach Berlin stelle einen Bruch des Luftkorridorabkommens von 1945 dar[58].

Die Westmächte wiesen in ihren Antwortnoten[59] die sowjetischen Vorwürfe als unbegründet zurück. Sie betonten, daß der Zugang auf dem Luftweg nach Berlin durch die drei Korridore immer unbeschränkt gewesen sei. Dies sei auch von der Sowjetunion selbst mehrfach bestätigt und durch die langjährige Flugpraxis der Westmächte in den Korridoren erhärtet worden.

Eine neue Serie von Störmanövern in den Luftkorridoren nach Berlin begann am 31. 1. 1962 mit wiederholten Schallmauerdurchbrüchen durch sowjetische Düsenjäger über Berlin[60]:

Am 8., 9. und 12. Februar 1962 verlangte der sowjetische Vertreter in der Berliner Luftsicherheitszentrale von den Westmächten, daß verschiedene Flughöhen in den Korridoren zu bestimmten Zeiten für sowjetische Flugzeuge reserviert werden sollten[61]. Diese Forderung wurde von den Westmächten zurückgewiesen. Der sowjetische Vertreter in der Luftsicherheitszentrale wurde darauf hingewiesen, daß die westalliierten Flugzeuge die Korridore auch weiter nach den im Jahre 1946 getroffenen interalliierten Vereinbarungen über den Luftverkehr in den Luftkorridoren und der Kontrollzone Berlin[62] befliegen würden[63]. Um ihre Entschlossenheit zur Wahrung ihres Rechts auf einen ungehinderten Luft-

---

[56] Note der amerikanischen Regierung an die sowjetische Regierung vom 13. 4. 1959, Text in: DzB, Dokument Nr. 287; The Department of State Bulletin, Vol. XL, Nr. 1036 vom 4. 5. 1959, S. 632 f.

[57] Sowjetische Note vom 18. 9. 1948 (vgl. oben S. 21, Anm. 43).

[58] Noten der Sowjetunion an die Regierungen der drei Westmächte vom 23. 8. 1961 und vom 2. 9. 1961, in: DzB, Dok. Nr. 352 und Nr. 355.

[59] Noten der drei Westmächte an die Sowjetunion vom 26. 8. 1961 und vom 8. 9. 1961, in: DzB, Dok. Nr. 353 und Nr. 356.

[60] „Der Abend" vom 31. 1. 1962, S. 3; „BZ" vom 16. 2. 1962, S. 2; „Der Tagesspiegel" vom 7. 3. 1962, S. 1.

[61] DzB, Dok. Nr. 358.

[62] Vgl. oben S. 17, Anm. 15.

[63] Note der USA an die Sowjetunion vom 15. 2. 1962, in: DzB, Dok. Nr. 358.

verkehr nach Berlin zum Ausdruck zu bringen, ließen die Westmächte zu den von sowjetischer Seite angegebenen Zeiten und in den von den Sowjets beanspruchten Flughöhen eigene Militärmaschinen patrouillieren[64]. Am 14. Februar 1962 gefährdeten daraufhin sowjetische Jagdflieger in drei Fällen in den Korridoren fliegende amerikanische Verkehrsflugzeuge, indem sie nahe an die Verkehrsmaschinen heranflogen[65].

Der gegen diese Vorfälle von der amerikanischen Regierung in Moskau erhobene scharfe Protest[66] wurde in der sowjetischen Antwortnote[67] als „unverständlich" und „unbeachtlich" abgetan. Die Störmanöver in den Korridoren wurden bis Ende März 1962 verstärkt fortgesetzt[68]. Der Anfang April 1962 erfolgte plötzliche Abbruch der sowjetischen Störversuche in den Luftkorridoren läßt sich durch die etwa zu dieser Zeit der Sowjetunion von den Vereinigten Staaten unterbreiteten Vorschläge zur Internationalisierung der Verbindungswege nach Berlin erklären[69]. Nach der Ablehnung dieser Vorschläge nahm die Sowjetunion ihre gegen den westlichen Luftverkehr nach Berlin gerichtete Störtätigkeit im Juni 1962 wieder auf:

Sie protestierte gegen die Flüge amerikanischer Hubschrauber in der Kontrollzone um Berlin und gegen die Flüge westalliierter Radarmeßmaschinen in den Korridoren[70]; sie nahm die Störflüge in den Korridoren wieder auf[71] und drohte schießlich in der Luftsicherheitszentrale damit, daß in Zukunft noch über Ostberlin fliegende amerikanische Hubschrauber abgeschossen würden[72].

Nach der Beendigung der durch das Berlin-Ultimatum der Sowjetunion vom November 1958[73] entstandenen Berlin-Krise und der Überwindung der durch die Stationierung von sowjetischen Raketenstellungen auf Kuba entbrannten Kuba-Krise im Oktober 1962 trat eine merkliche Entspannung im Verhältnis zwischen den Vereinigten Staaten und der Sowjetunion ein.

---

[64] „Der Tagesspiegel" vom 10. 2. 62, S. 1, vom 11. 2. 62, S. 2 und vom 13. 2. 62, S. 1.

[65] „Der Tagesspiegel" vom 15. 2. 62, S. 1.

[66] Note der amerikanischen Regierung vom 15. 2. 62, in: DzB, Dok. Nr. 358; englisch, in: The Department of State Bulletin, Bd. XLVI, Nr. 1184, S. 370.

[67] Note der sowjetischen Regierung vom 17. 2. 62, in: DzB, Dok. Nr. 359.

[68] „Der Tagesspiegel" vom 17. 2. 62, S. 1; „New York Times" vom 13. 3. 1962, S. 1, vom 22. 3. 62, S. 3.

[69] Vgl. zu den amerikanischen Vorschlägen Abelein, Die Verhandlungen über die Internationalisierung der Zufahrtswege nach Berlin seit dem Herbst 1961, in: EA, 1963, S. 447 f.

[70] „Neue Zürcher Zeitung" vom 16. Juni 1962.

[71] „Der Tagesspiegel" vom 18. 7. 62, S. 1; vom 24. 7. 62, S. 1; vom 25. 7. 62, S. 2; vom 27. 7. 62, S. 1; vom 1. 8. 62, S. 1.

[72] „Die Welt" vom 1. 8. 1962, S. 4.

[73] Vgl. oben S. 22, Anm. 54.

Dieser Tatsache war es auch zu verdanken, daß sich der sowjetische Druck auf die Luftkorridore nach Berlin stark verminderte und der westliche Luftverkehr nach Berlin im Jahre 1963 nahezu[74] reibungslos verlief.

Erst im Juni 1964 ergaben sich erneut den Luftverkehr nach Berlin betreffende Reibungen zwischen den Westmächten und der Sowjetunion. Den Anlaß dafür bildete die Aufnahme der Direktflüge von New York nach Berlin (West) durch die amerikanische Fluggesellschaft „Pan American World Airways"[75]. In einer an die Vereinigten Staaten und Großbritannien gerichteten Protestnote der Sowjetunion vom 22. 6. 1964[76] wurden die Direktflüge von New York nach Berlin (West) als „rechtswidrig" bezeichnet, weil ihnen die Sowjetzonenregierung nicht zugestimmt habe. Weiter wurde in der sowjetischen Note die Aufnahme der Direktflüge als eine Verletzung bestehender Vereinbarungen über den Luftverkehr nach Berlin bezeichnet und jede Garantie für die Sicherheit derartiger Flüge abgelehnt.

Die Westmächte wiesen den sowjetischen Protest zunächst mündlich zurück[77]. In ihrer Antwortnote vom 22. 8. 1964 betonten sie ihr Recht auf einen uneingeschränkten Flugverkehr in den Berliner Luftkorridoren. Sie wiesen die Sowjetunion weiter darauf hin, daß sie die Verpflichtung habe, für die Sicherheit aller alliierten Flüge — also auch der internationalen Flüge — in den Korridoren nach Berlin zu sorgen und daher für alle von ihr verursachten Luftzwischenfälle verantwortlich gemacht werde[78].

Am 1. November 1964 eröffnete auch die britische Fluggesellschaft „British European Airways" eine Direktfluglinie von London nach Berlin (West)[79]. An Stelle der Sowjetunion protestierte diesmal das sowjetzonale Außenministerium, das die Direktflüge London—Berlin als „illegal" beizeichnete, weil die Luftkorridore nach Berlin nur für die Versorgung der dort stationierten westlichen Besatzungstruppen geschaffen worden seien[80]. Der sowjetische Vertreter in der Luftsicherheitszentrale

---

[74] Am 2. April 1963 wurde eine im Luftkorridor nach Berlin fliegende britische Privatmaschine beschossen („Der Tagesspiegel" vom 23. Juni 1964, S. 1; „Die Welt" vom 8. April 1965, S. 3). Am 14. und 15. November 1963 wurden in der Berliner Kontrollzone fliegende amerikanische Verkehrsmaschinen beim Landeanflug von in der Sowjetzone stationierten Scheinwerfern geblendet („Der Tagesspiegel" vom 17. November 1963).

[75] Die erste Maschine der Direktverbindung New York—Berlin traf am 31. 5. 1964 auf dem Flugplatz Tegel ein („Der Tagesspiegel" vom 2. 6. 64, S. 6).

[76] „Der Tagesspiegel" vom 23. 6. 64, S. 1.

[77] „Der Tagesspiegel" vom 24. 6. 64.

[78] „Der Tagesspiegel" vom 25. 8. 64, S. 1.

[79] „Der Tagesspiegel" vom 31. 10. 64, S. 6.

[80] „Der Tagesspiegel" vom 27. 10. 64.

wies seine westlichen Kollegen darauf hin, daß er die Anweisung habe, Meldungen über internationale Flüge in den Luftkorridoren nicht zu registrieren, „da die Flüge nicht mit den zuständigen Behörden der DDR vereinbart" seien; die Sowjetunion lehne daher jede Verantwortung für die Direktflüge London—Berlin ab[81].

Der britische Vertreter in der Luftsicherheitszentrale verwies demgegenüber auf den in der Note der Westmächte vom 22. 8. 1964[82] vertretenen Standpunkt[83].

Trotz der geschilderten Kontroversen um die internationalen Direktflüge von und nach Berlin (West) wurden diese Flüge fortgesetzt. Neben den beiden im planmäßigen Linienverkehr betriebenen Flugstrecken Berlin (West)—New York und Berlin (West)—London werden heute noch eine große Anzahl von im Ausland gelegenen Feriengebieten von Berlin (West) aus im Bedarfsverkehr direkt angeflogen[84].

Nach einer kurzen „Ruhepause" kam es dann anläßlich der am 7. April 1965 in Berlin (West) abgehaltenen Plenarsitzung des Bundestages[85] zu den seit der Blockade schwersten Verkehrsbehinderungen im Berlin-Verkehr[86].

Auch der Flugverkehr in den Luftkorridoren nach Berlin und der Kontrollzone um Berlin wurde stark behindert: Es begann damit, daß der sowjetische Vertreter in der Berliner Luftsicherheitszentrale zwei Tage vor der Plenarsitzung des Bundestages Luftwaffenmanöver in den nach Berlin führenden Luftkorridoren ankündigte und zu diesem Zweck die Reservierung bestimmter Flughöhen in den Korridoren verlangte[87]. Die westlichen Vertreter in der Luftsicherheitszentrale protestierten sofort gegen die Absicht, in den Korridoren Manöver durchzuführen und wiesen die sowjetische Forderung nach einer Reservierung bestimmter Flughöhen in den Korridoren zurück[88].

Am nächsten Tag nahmen sowjetische und sowjetzonale Düsenjäger in den Luftkorridoren und in der Kontrollzone Berlin Störflüge in großem Umfang auf[89]. Sowjetische Jäger rasten im Tiefflug über die West-Berliner Flugplätze[90] und das West-Berliner Stadtgebiet, wobei sie hun-

---

[81] „Der Tagesspiegel" vom 4. 11. und 6. 11. 64.
[82] Vgl. oben S. 25.
[83] „Der Tagesspiegel" vom 8. 11. 64, S. 1.
[84] Vgl. dazu die Angaben in der Flughafen-Verkehrsstatistik 1965 der Berliner Flughafen GMBH.
[85] „Der Tagesspiegel" vom 7. 4. 65, S. 1.
[86] „Der Tagesspiegel" vom 3., 4., 6., 7., 8., 9. und 10. 4. 65 (jeweils S. 1).
[87] „Der Tagesspiegel" vom 6. 4. 65, S. 1.
[88] a.a.O.
[89] a.a.O.
[90] „Der Tagesspiegel" vom 6., 7. und 8. 4. 65 (jeweils S. 1).

derte von Malen die Schallmauer durchbrachen[91], über dem Stadtgebiet ihre Bordkanonen abfeuerten[92], Sturzflüge über dichtbesiedeltem Stadtgebiet unternahmen[93] und westliche Verkehrsmaschinen gefährlich dicht anflogen[94]. Neben durch den Lärm der Düsenjäger verursachten Gesundheitsschäden[95] wurden der Polizei weit über 300 auf den Einsatz der sowjetischen Jäger über West-Berliner Stadtgebiet zurückzuführende Sachschäden bekannt[96]. Auch in den Luftkorridoren nach Berlin wurde der Flugverkehr während dieser Zeit ständig durch sowjetische Düsenjäger behindert[97]. Darüber hinaus ließen es die Sowjets zu, daß ein Hubschrauber der Zonenarmee in den Luftraum über den Westsektoren Berlins einflog[98].

Die Westmächte protestierten in gleichlautenden Noten vom 7. 4. 1965 an das sowjetische Außenministerium gegen die Behinderungen des Berlinverkehrs und wiesen die Sowjetunion u. a. auf ihre Verantwortung für die Sicherheit alliierter Berlinflüge in den Korridoren und der Kontrollzone hin[99]. Am folgenden Tag erhoben die Westmächte erneut „in schärfster Form gegen ... die gefährlichen und provokatorischen Flüge sowjetischer Flugzeuge über Berlin und in den Luftkorridoren" bei der Sowjetunion Protest[100].

Daraufhin stellte die Sowjetunion ihre Störflüge am 9. 4. 1965 ein. Der sowjetische Vertreter in der Luftsicherheitszentrale traf die Feststellung, die „Luftwaffenmanöver" in den Korridoren seien beendet[101]. Von einigen Zwischenfällen in der Kontrollzone Berlin abgesehen[102] verläuft der Luftverkehr der Westmächte nach und von Berlin seitdem reibungslos.

---

[91] „Der Tagesspiegel" vom 6., 7., 8. und 9. 4. 65 (jeweils S. 1).
[92] „Der Tagesspiegel" vom 8. 4. 65, S. 1.
[93] a.a.O.
[94] a.a.O.
[95] „Der Tagesspiegel" vom 8. 4. 65, S. 1.
[96] „Der Tagesspiegel" vom 9. 4. und 10. 4. 65 (jeweils S. 1).
[97] „Der Tagesspiegel" vom 9. 4. 65, S. 1.
[98] a.a.O.
[99] „Der Tagesspiegel" vom 8. 4. 65, S. 1.
[100] „Der Tagesspiegel" vom 9. 4. 65, S. 1.
[101] „Der Tagesspiegel" vom 10. 4. 65, S. 1.
[102] Seit Juni 1965 häuften sich die Einflüge sowjetzonaler Hubschrauber in die nach den Viermächtevereinbarungen über den Luftverkehr nur den Flugzeugen der vier Mächte offenstehende Berliner Kontrollzone (vgl. dazu z. B.: „Der Tagesspiegel" vom 10., 19., 22. 6. 65; vom 20. 7. 65; vom 7. und 20. 8. 65; jeweils S. 1), was Proteste der Westmächte beim sowjetischen Vertreter in der Luftsicherheitszentrale auslöste („Der Tagesspiegel" vom 10. 6. 65, S. 1). Als am 18. 6. 65 ein bewaffneter sowjetzonaler Hubschrauber sogar in den über den Westsektoren Berlins gelegenen Teil der Kontrollzone einflog („Der Tagesspiegel" vom 19. 6. 65, S. 1), erhoben die Westmächte scharfen Protest in der Luftsicherheitszentrale und kündigten die Bewaffnung ihrer in Berlin (West) stationierten Hubschrauber an (a.a.O.). Flüge sowjetzonaler Hubschrauber über den Westsektoren Berlins wurden seitdem nicht mehr beobachtet. Zur Luftkontrollzone Berlin vgl. die Karte auf S. 107.

Nach diesem historischen Überblick über die gegensätzlichen Standpunkte der drei Westmächte einerseits und der Sowjetunion andererseits zur Frage des Zugangsrechts der Westmächte auf dem Luftweg nach Berlin soll im folgenden der Versuch einer Klärung der umstrittenen Rechtslage unternommen werden.

B. Die Entstehung des Zugangsrechts der Westmächte auf dem Luftweg nach Berlin gegenüber der Sowjetunion

I. Vertragliche Begründung des Zugangsrechts der Westmächte

Ebenso wie die anderen für die Nachkriegsbehandlung Deutschlands grundlegenden interalliierten Abkommen[103] enthält auch das „Protokoll zwischen den Vereinigten Staaten, Großbritannien und der Sowjetunion über die Besatzungszonen in Deutschland und die Verwaltung von Groß-Berlin vom 12. 9. 1944" (Londoner Protokoll)[104] keine ausdrücklichen Bestimmungen über das Zugangsrecht der Westmächte nach Berlin. Dennoch könnte sich aus diesem Abkommen im Wege der Vertragsauslegung ein solches Zugangsrecht ableiten lassen, denn der Wille der Vertragspartner muß auch in internationalen Verträgen keineswegs immer vollständig im Wortlaut zum Ausdruck gekommen sein[105].

Das Londoner Protokoll vom 12. 9. 1944 in der Fassung des Ergänzungsprotokolls vom 26. 7. 1945[106] sieht die Einteilung Deutschlands in vier von je einer der vier Mächte zu besetzende Besatzungszonen und ein inmitten der sowjetischen Besatzungszone gelegenes von den vier Mächten *gemeinsam* zu besetzendes besonderes Berliner Gebiet sowie die Errichtung einer interalliierten Regierungsbehörde für die *gemeinsame* Verwaltung Groß-Berlins vor. Es heißt dementsprechend in Art. 1 des Londoner Protokolls[107]:

„Deutschland, innerhalb der Grenzen, wie sie am 31. Dezember 1937 bestanden, wird zum Zwecke der Besetzung in vier Zonen eingeteilt,

---

[103] Das sind insbesondere das Londoner Abkommen über die Kontrolleinrichtungen in Deutschland vom 14. 11. 1944 (Text in: United Nations Treaty Series, Bd. 236, 360—367; DzB, Dok. Nr. 3) und das Potsdamer Abkommen vom 2. 8. 1945 (Text in: Amtsblatt des Alliierten Kontrollrats in Deutschland, Ergänzungsblatt Nr. 1, S. 13 ff.; DzB, Dok. Nr. 21).

[104] Text in: United Nations Treaty Series, Bd. 227, S. 280—285; DzB, Dok. Nr. 1.

[105] Zur Möglichkeit der Auslegung völkerrechtlicher Verträge vgl. z. B.: *Dahm*, Bd. III, S. 42 ff.; *Verdross*, VR, 5. Aufl. 1964, S. 172 ff.; *Berber*, Bd. I, S. 441 ff.

[106] Durch das Ergänzungsprotokoll trat Frankreich dem Abkommen bei. Text des Protokolls in: United Nations Treaty Series, Bd. 227, S. 298—309; DzB, Dok. Nr. 19.

[107] DzB, Dok. Nr. 1 in Verbindung mit Dok. Nr. 2 und 19.

deren je eine einer der vier Mächte zugewiesen wird, und ein besonderes Berliner Gebiet, das gemeinsam von den vier Mächten besetzt wird."

In Art. 2 ist noch einmal von der *gemeinsamen* Besetzung Berlins die Rede:

„Das Berliner Gebiet (unter welchem Ausdruck das Territorium Groß-Berlins, wie im Gesetz vom 27. April 1920 definiert[108] zu verstehen ist) wird gemeinsam von den bewaffneten Streitkräften der USA, des UK, der UdSSR und der Französischen Republik, die durch die entsprechenden Oberkommandierenden dazu bestimmt werden, besetzt. Zu diesem Zweck wird das Gebiet von Groß-Berlin in die folgenden vier Teile eingeteilt: . . ." (es folgt die Beschreibung der vier Berliner Besatzungssektoren).

In Art. 5 heißt es über die *gemeinsame* Verwaltung Berlins:

„Eine interalliierte Regierungsbehörde (Kommendatura), bestehend aus vier Kommandanten, die jeweils von ihren entsprechenden Oberkommandierenden ernannt worden sind, wird gegründet, um eine gemeinsame Verwaltung des Groß-Berliner Gebietes zu errichten."

Aus der Lage der westlichen Besatzungssektoren Berlins inmitten der SBZ ergibt sich, daß die Durchführung der im Londoner Protokoll vereinbarten *gemeinsamen* Besetzung und Verwaltung Berlins ohne ein Zugangsrecht der Westmächte nach Berlin nicht möglich war. Da dennoch weder im Londoner Protokoll selbst noch auch jemals später ein Zugangsrecht der Westmächte nach Berlin *ausdrücklich* begründet wurde[109], so erhebt sich die Frage, ob nicht die Vertragspartner dieses Abkommens das Zugangsrecht der Westmächte als selbstverständliche Voraussetzung der vertraglich vereinbarten *gemeinsamen* Besetzung und Verwaltung Berlins als durch den Vertragsschluß stillschweigend mitbegründet ansahen. Diese Frage kann nur im Wege der Vertragsauslegung entschieden werden. Zur Ermittlung des wahren Parteiwillens — dem Leitziel einer jeden Vertragsauslegung[110] — bedarf es, wenn der Vertragstext nicht weiter hilft, der Zuhilfenahme bestimmter vom Völkerrecht entwickelter und allgemein anerkannter Auslegungsgrundsätze. Der wichtigste dieser

---

[108] Gesetz über die Gebietskörperschaft Groß-Berlin vom 27. April 1920, in: Preußische Gesetzsammlung, 1920, S. 123.

[109] Dazu, daß die sich mit dem Zugangsrecht der Westmächte nach Berlin ausdrücklich befassenden interalliierten Abkommen das Zugangsrecht nicht *begründeten*, siehe unten S. 32 ff.

[110] *Verdross*, VR, 5. Aufl. 1964, S. 173; *Seidl-Hohenveldern*, Völkerrecht, 1965, S. 69; *Dahm*, Bd. III, S. 43; *Guggenheim*, Lehrbuch des Völkerrechts, Bd. I, 1948, S. 125; *Berber*, Bd. I, S. 443 f.

Grundsätze ist der, daß Verträge nach dem auch im Völkerrecht anerkannten Grundsatz von Treu und Glauben auszulegen sind[111], d. h., daß
als Vertragsinhalt das anzusehen ist, was „rechtlich gesinnte und ver-
nünftige"[112] Vertragspartner unter dem im Vertragstext zum Ausdruck
gebrachten Parteiwillen verstehen würden.

Auf das Londoner Protokoll angewendet ergibt sich hieraus folgendes:
Mit dem Abschluß dieses Abkommens erkannte die Sowjetunion das
Recht der Westmächte auf Mitbesetzung und Mitverantwortung Berlins
an. Da die Besetzung und Verwaltung einer Enklave ohne einen Zugang
zu ihr undurchführbar ist, so kann diese Anerkennung der westlichen
Rechte in Berlin vernünftigerweise nur als eine gleichzeitige sowjetische
Anerkennung des westlichen Zugangsrechts nach Berlin ausgelegt werden. Auch die Sowjetunion teilte diesen Standpunkt zur Zeit des Ver-
tragsabschlusses und später: Der sowjetische Vertreter in der Europäischen Beratungskommission betonte bei den vorbereitenden Verhandlungen über das Londoner Protokoll wiederholt, daß die Anwesenheit
der westlichen Truppen in Berlin „natürlich" alle notwendigen Zugangs-
erleichterungen mit sich bringen würde[113]. Die Sowjetunion hat aber
auch in den seit dem Abschluß des Londoner Protokolls vergangenen
mehr als 20 Jahren niemals das Bestehen des westlichen Zugangsrechts nach Berlin grundsätzlich bestritten. Der Streit ging vielmehr
immer nur um den Umfang und die Beendigung des westlichen
Zugangsrechts. Sollte sich die Sowjetunion bei Abschluß des Londoner
Protokolls aber insgeheim vorbehalten haben, trotz Anerkennung des
westlichen Rechts auf Mitbesetzung und Mitverwaltung Berlins das
westliche Zugangsrecht nach Berlin *nicht* anzuerkennen, so wäre dies
als eine mit den Grundsätzen von Treu und Glauben unvereinbare „reser-
vatio mentalis" unbeachtlich.

Die mit dem Abschluß des Londoner Protokolls erfolgte Anerkennung
der Rechte der Westmächte *in* Berlin kann daher nach den Grundsätzen
von Treu und Glauben nur als die gleichzeitige Anerkennung des westlichen Zugangsrechts *nach* Berlin, ohne das die erwähnten Rechte nicht
ausgeübt werden könnten, ausgelegt werden.

---

[111] *Seidl-Hohenveldern*, VR, 1965, S. 69; *Dahm*, Bd. III, S. 55; Schiedsspruch
des ständigen Schiedshofes im Falle der Fischereirechte im Nordatlantik (1910),
in: *Scott*, The Hague Court Reports, I, S. 141 f., 167 f.; *Schwarzenberger*, International Law, Bd. I, 3. Aufl. 1957, S. 447 f., 491 f.; *Cheng*, General Principles of
Law as applied by International Courts and Tribunals, 1953, S. 105 f. und die
dort zitierten weiteren Nachweise.

[112] So *Dahm*, Bd. III, S. 55.

[113] Vgl. dazu *Mosely*, The Occupation of Germany. New Light on How the
Zones Were Drawn, in: Foreign Affairs, Bd. 28, 1949/50, S. 593 (Mosely war der
politische Berater des die USA in der EAC vertretenden amerikanischen Bot-
schafters in London, Winant).

Zu demselben Ergebnis gelangt eine auf den Vertrags*zweck* abstellende Auslegung des Londoner Protokolls. Nach dem als Auslegungsregel im Völkerrecht ebenfalls allgemein anerkannten „Grundsatz der Effektivität des Vertrages" ist ein Vertrag immer so auszulegen, daß er einen vernünftigen Sinn ergibt und daß der mit ihm verfolgte Zweck soweit wie möglich erreicht wird[114].

Mit dem Londoner Protokoll sollte in Deutschland ein bestimmtes Besatzungssystem für die Nachkriegszeit geschaffen werden, das unter anderem eine *gemeinsame* Besetzung und Verwaltung des Gebietes von Groß-Berlin gewährleisten sollte. Dieser Vertragszweck wäre auf Grund der geographischen Lage Berlins im Besatzungszonensystem ohne ein Zugangsrecht der Westmächte nach Berlin nicht zu verwirklichen gewesen.

Im Interesse einer möglichst weitgehenden Verwirklichung des von den beteiligten Staaten angestrebten Vertragszweckes und im Interesse eines allein sinnvollen Ergebnisses ist daher die im Londoner Protokoll getroffene Vereinbarung einer gemeinsamen Besetzung und Verwaltung Berlins dahin auszulegen, daß damit den Vertragspartnern gleichzeitig auch alle die Rechte eingeräumt werden sollten, die eine gemeinsame Besetzung und Verwaltung Berlins erst ermöglichen[115]. Zu diesen Rechten aber zählt das Zugangsrecht der Westmächte nach Berlin.

Das sich nach dem Gesagten im Wege der Vertragsauslegung aus dem Londoner Protokoll ergebende Zugangsrecht der Westmächte nach Berlin[116] ist nicht auf bestimmte Verkehrsarten beschränkt, sondern allgemeiner Natur. Es stellt sich als Recht auf Zugang mit den üblichen Ver-

---

[114] *Berber,* Bd. I, S. 444; *Dahm,* Bd. III, S. 50; *Lauterpacht,* The Development of International Law by the International Court, 1958, S. 227 f.; Harvard Research in International Law, Law of Treaties, in: American Journal of International Law, Supplement, Vol. 29, 1935, S. 937 ff.; PCIJ Series B, 11, S. 39; 14, S. 64 f.; ICJ Reports 1947/48, S. 62; 1949, S. 23 f.; 1949, S. 182; 1950, S. 8; 1954, S. 57 f.

[115] Vergleichbar etwa das RGA des StIG, in: PCIJ Series B, 14, S. 64 f., in dem die Zuständigkeiten der Europäischen Donaukommission aus dem auf die Sicherung der freien Schiffahrt gerichteten *Zweck* der Verträge entnommen wurden; vgl. auch das RGA des IGH über die Wiedergutmachung der im Dienste der Vereinten Nationen (VN) erlittenen Schäden (ICJ Reports 1949, S. 182), in dem der Gerichtshof die Ansicht vertrat, daß den VN auch diejenigen nicht ausdrücklich in der Charta vorgesehenen Rechte zustünden, ohne die sie ihre Pflichten nicht erfüllen könnten; ebenso ICJ Reports 1954, S. 57 f.

[116] Im Ergebnis ebenso: *Kreutzer,* West-Berlin — Stadt und Land, in: Berlin — Brennpunkt deutschen Schicksals, Berlin 1960, S. 59; *Rauschning,* Die Berlinfrage im neueren Schrifttum, in: EA, 1961, S. 671; *Legien,* Die Viermächtevereinbarungen über Berlin, 2. Aufl. 1961, S. 33; *Riklin,* Berlinproblem, S. 265 f.; *Hacker,* Die Rechtslage Berlins, in: SBZ-Archiv, 1964, S. 121; vgl. auch die Note der USA an die Sowjetunion vom 6. 7. 1948, in: DzB, Dok. Nr. 58; „Die Blockade Berlins bedroht den Frieden". Das amerikanische Weißbuch und Klage gegen die UdSSR vor den Vereinten Nationen, S. 12 (hrsg. von „Die Neue Zeitung", München o. J.).

kehrsmitteln dar und umfaßt demgemäß auch die Befugnis der Westmächte zur Durchführung eines Flugverkehrs nach Berlin[117].

II. Vertragliche Bestätigung des Zugangsrechts der Westmächte

Eine Überprüfung der hier gewonnenen Auffassung, das Zugangsrecht der Westmächte nach Berlin erstrecke sich auch auf den Luftverkehr, an Hand der zwischen den vier Mächten getroffenen Absprachen
hinsichtlich des westlichen Luftverkehrs nach Berlin, ergibt folgendes:

Das gegenüber der Sowjetunion durch das Londoner Protokoll begründete Recht der Westmächte auf Zugang nach Berlin wurde in den Jahren
1945/46 durch eine Reihe von interalliierten Vereinbarungen *bestätigt*,
welche die technische Ausgestaltung und die Art und Weise der Ausübung des Zugangsrechts betreffen, die Existenz des Zugangsrechts also
voraussetzen.

Darunter befinden sich auch einige im folgenden kurz darzustellende
Vereinbarungen über den westlichen Luftverkehr nach Berlin.

Im Juni 1945 legten die Westmächte und die Sowjetunion in einem
zwischen Truman, Churchill und Stalin geführten Briefwechsel[118] Einzelheiten über die Erfüllung der Bestimmungen des Londoner Protokolls
fest. In dem Stalin dabei von Truman und Churchill unterbreiteten Vorschlag, mit den Truppenverschiebungen in die im Londoner Protokoll
vereinbarten Besatzungsräume am 21. Juni 1945 zu beginnen, machten
die Westmächte den Abzug ihrer Truppen aus der im Londoner Protokoll
der Sowjetunion zugeteilten Besatzungszone von der gleichzeitigen Verlegung westlicher Garnisonen in die zu dieser Zeit noch von der Roten
Armee besetzten Westsektoren Berlins und der Gewährleistung des
freien Zugangs der westlichen Truppen nach Berlin auf bestimmten
Routen zu Lande, zu Wasser *und in der Luft* abhängig[119]. In seiner Ant-
wort widersprach Stalin dem westlichen Vorschlag nur insofern, als er
einen von den Westmächten sofort angenommenen neuen Zeitpunkt für
die Truppenverschiebungen vorschlug[120]. Daraus ist zu folgern, daß Stalin
der westlichen Bedingung, den Zugang der westlichen Truppen nach Berlin zu gewährleisten, in dem geforderten Umfang zustimmte.

---

[117] Über die Frage des Umfangs des Zugangsrechts auf dem Luftweg nach
Berlin ist damit hier noch nichts gesagt. Es kommt an dieser Stelle nur auf die
Feststellung an, daß es sich bei dem westlichen Zugangsrecht um ein unteil-
bares Recht auf Verkehr handelt, das auf keine bestimmte Verkehrsart beschränkt ist.
[118] „Stalin's Correspondence with Churchill, Attlee, Roosevelt and Truman",
Bd. I, S. 365—368 und Bd. II, S. 245—248; Deutscher Text der Korrespondenz
zwischen Truman und Stalin auch in: DzB, Dok. Nr. 15.
[119] a.a.O., Bd. I, S. 365 und Bd. II, S. 245 f.; DzB, Dok. Nr. 15.
[120] a.a.O., Bd. II, S. 248; DzB, Dok. Nr. 15.

Zwar kann grundsätzlich aus der widerspruchslosen Entgegennahme eines Schreibens auch im zwischenstaatlichen Verkehr nicht ohne weiteres auf Zustimmung des Empfängers geschlossen werden. Etwas anderes gilt jedoch, wenn nach dem auch im Völkerrecht anzuwendenden Grundsatz von Treu und Glauben[121] bei Nichtzustimmung mit ausdrücklichem Widerspruch gerechnet werden konnte. Nach dem erwähnten zwischen Truman, Churchill und Stalin geführten Schriftwechsel mußten aber die Westmächte davon ausgehen, daß die Sowjetunion widersprochen hätte, wenn sie die Verknüpfung der Verlegung westlicher Truppen nach Berlin mit der Gewährleistung des westlichen Zugangsrechts nach Berlin nicht gebilligt hätte. Denn Stalin hat auf den westlichen Vorschlag nicht überhaupt geschwiegen, sondern in einem einzelnen Punkte, nämlich dem des Termins für die Truppenverschiebungen, eine Änderung verlangt. Daraus ergab sich zwingend, daß er die übrigen Punkte, indem er insoweit von Änderungsvorschlägen absah, annahm. Das Schweigen Stalins zu der Bedingung der Gewährleistung des freien Zugangs der westlichen Truppen nach Berlin auf bestimmten Routen zu Lande, zu Wasser *und in der Luft* konnte hiernach nur als Zustimmung und damit als eine *Bestätigung* des Zugangsrechts der Westmächte auf dem Luftweg nach Berlin angesehen werden.

Eine weitere das Zugangsrecht der Westmächte auf dem Luftweg nach Berlin bestätigende Vereinbarung wurde auf der Berliner Konferenz vom 29. 6. 1945[122] zwischen General Clay, General Weeks und Marschall Schukow getroffen. Konferenzthema war neben der Bestimmung eines Termins für den Einzug der Truppen in die im Londoner Protokoll vereinbarten Besatzungsräume die Festlegung bestimmter Zugangswege der Westmächte nach Berlin. Die Existenz des westlichen Zugangsrechts nach Berlin zu Lande *und in der Luft* gegenüber der Sowjetunion wurde bei diesen Verhandlungen auch von sowjetischer Seite nicht angezweifelt. Mit der Vereinbarung einer Eisenbahn- und einer Straßenverbindung sowie zweier Luftkorridore[123] für den Verkehr der Westmächte zwischen ihren westlichen Besatzungszonen und ihren Berliner Besatzungssektoren erkannte die Sowjetunion vielmehr das westliche Zugangsrecht nach Berlin — auch auf dem Luftwege — noch einmal ausdrücklich an.

Dasselbe gilt für das am 30. November 1945 vom Alliierten Kontrollrat in Berlin beschlossene sogenannte Luftkorridorabkommen[124], durch das die unpräzisen mündlichen Vereinbarungen vom 29. 6. 1945 hinsichtlich des westlichen Luftverkehrs nach Berlin durch die Errichtung von drei

---

[121] Vgl. dazu die oben S. 30, Anm. 111 zitierten Nachweise.
[122] Vgl. dazu oben S. 16.
[123] Vgl. dazu oben S. 16.
[124] Vgl. dazu oben S. 17.

je 20 englische Meilen breiten Luftkorridoren — Berlin—Hamburg, Berlin—Bückeburg, Berlin—Frankfurt/Main — ersetzt wurden.

In diesem Zusammenhang ist auch das am 18. 12. 1945 vom Luftfahrtdirektorat[125] gebilligte Abkommen über „Flugvorschriften für Flugzeuge, die die Luftkorridore in Deutschland und die Kontrollzone Berlin befliegen"[126], zu stellen. Dieses Abkommen wurde allerdings von den sowjetischen Militärbehörden während der Blockade von Berlin (West) mit der Begründung als unwirksam bezeichnet, daß es weder vom Kontrollrat noch vom Koordinierungsausschuß[127] unterzeichnet worden sei[128].

Tatsächlich setzte das Luftfahrtdirektorat, das die Flugvorschriften im Auftrage des Kontrollrats ausgearbeitet hatte, das Abkommen ohne Genehmigung des Kontrollrats oder des zur Vertretung des Kontrollrats befugten Koordinierungsausschusses[129] in Kraft[130]. Damit überschritt es seine Kompetenzen, denn für die Regelung des Flugverkehrs zwischen den westlichen Besatzungszonen Deutschlands und Berlin als einer „Deutschland als Ganzes betreffenden Angelegenheit" war gem. Art. 1 des Abkommens über die Kontrolleinrichtungen in Deutschland und Groß-Berlin[131] der Kontrollrat zuständig. In den nahezu drei Jahren von der Inkraftsetzung des Abkommens durch das Luftfahrtdirektorat im Dezember 1945 bis zu dem sowjetischen Einwand von dessen Ungültigkeit im Oktober 1948 wurde jedoch der gesamte westliche Luftverkehr nach Berlin *unter Beteiligung der Sowjetunion* in der Berliner Luftsicherheitszentrale nach diesem Abkommen über die Flugvorschriften abgewickelt. Dabei berief sich die Sowjetunion während dieser Zeit wiederholt auf eine angebliche Verletzung der in eben diesem Abkommen enthaltenen Flugvorschriften durch die Westmächte[132]. Auch in den seit dem sowjetischen Einwand der Ungültigkeit dieses Abkommens vergangenen mehr als

---

[125] Zum Luftfahrtdirektorat vgl. oben S. 17, Anm. 13.

[126] Vgl. dazu oben S. 17.

[127] Zum Koordinierungsausschuß vgl. oben S. 17, Anm. 13.

[128] Vgl. dazu *Davison*, S. 242.

[129] Auf seiner 6. Sitzung vom 20. 9. 1945 beschloß der Kontrollrat (Aktenzeichen CONL/M [45] 6, Schriftstück 58), „daß die Maßnahmen des Koordinierungsausschusses grundsätzlich denjenigen des Kontrollrats gleichzusetzen" seien (vgl. dazu Ziff. 3 des erläuternden Memorandums des amerikanischen Außenministeriums vom 8. 9. 1961 zur Frage der Luftkorridore nach Berlin, in: *Hillgruber*, Berlin, Dokumente 1944—1961, Dok. Nr. 110; englisch in: Documents Regarding Air Access to Berlin, US-State Department, Press Release, 8. 9. 61).

[130] Das Abkommen über die Flugvorschriften wurde vom Luftfahrtdirektorat auf seiner 18. Sitzung am 18. 12. 1945 gebilligt und gleichzeitig „der ausführenden Behörde zum Vollzug" übersandt, Aktenzeichen: B, DAIR/M 453 18, Schriftstück 141 D (vgl. dazu Ziff. 7 des Memorandums des amerikanischen Außenministeriums vom 8. 9. 61 zur Frage der Luftkorridore nach Berlin. Text a.a.O.).

[131] Text in: United Nations Treaty Series, Bd. 236, S. 360—367; DzB, Dok. Nr. 3.

[132] So z. B. am 6. 7. 1948 (*Davison*, S. 156); vgl. auch Keesing's Archiv der Gegenwart, 1948, S. 1585.

17 Jahren wurden die Flugvorschriften ohne Unterbrechung angewendet und beriefen sich sowohl die Sowjetunion[133] als auch die Westmächte[134] häufig auf diese Vorschriften.

Durch dieses Verhalten genehmigten die vier Mächte das Abkommen über die Flugvorschriften. Dadurch wurde der bei der Inkraftsetzung dieses Abkommens durch das Luftfahrtdirektorat in der Tat vorliegende Zuständigkeitsmangel geheilt. Auch dieses das Bestehen des Zugangsrechts der Westmächte auf dem Luftweg nach Berlin als gegeben voraussetzende Abkommen über die Flugvorschriften ist damit als eine weitere Bestätigung dieses Rechts anzusehen.

Endlich sind in diesem Zusammenhang noch eine Reihe inhaltlich weniger wichtiger mit dem Luftverkehr der Westmächte nach Berlin zusammenhängender interalliierter Vereinbarungen zu nennen, die aber ebenfalls von der Voraussetzung des Bestehens eines westlichen Zugangsrechts auf dem Luftweg nach Berlin ausgehen und daher als dieses Recht bestätigende Vereinbarungen hier erwähnt werden müssen:

Es ist dies einmal ein Kontrollratsabkommen vom 30. August 1945, das die Schaffung eines eigenen britischen Flugplatzes innerhalb des britischen Besatzungssektors von Berlin betrifft und zu diesem Zweck den Flugplatz Gatow in den britischen Sektor einbezieht[135], zum anderen eine Reihe von im Koordinierungsausschuß[136] getroffenen Vereinbarungen, die im einzelnen die Beleuchtung von Luftfahrthindernissen im Umkreis der Flugplätze Tempelhof und Gatow[137], die Bildung der Luftsicherheitszentrale Berlin[137], den Aufbau eines Wetterdienstes zur Erhöhung der Flugsicherheit[138] und den Aufbau eines Flugnavigationssystems[139] zum Inhalt haben.

---

[133] So etwa am 4. 4. 1959 (DzB, Dok. 286) und am 22. 6. 1964 („Der Tagesspiegel" vom 23. 6. 1964, S. 1).

[134] Noten der Westmächte an die Sowjetunion vom 15. 2. 1962 betr. den Verkehr in den Luftkorridoren (Text der amerikanischen Note in: DzB, Dok. Nr. 358, englisch in: The Department of State Bulletin, Bd. XLV, Nr. 1184, S. 370); Proteste der Westmächte gegen die Verletzung der Flugvorschriften durch die Sowjetunion vom 7. und 8. 4. 1965 („Der Tagesspiegel" vom 8. und 9. 4. 65, S. 1).

[135] „Die Berliner Konferenz der Drei Mächte. Der Alliierte Kontrollrat für Deutschland. Die Alliierte Kommandantur der Stadt Berlin", Sammelhaft 1, Berlin 1946, S. 49; *Kuhn*, Die Regelung der Verkehrsverbindungen nach Berlin 1945—1946, in: EA, 1959, S. 459.

[136] Zum Koordinierungsausschuß und zu seiner Zuständigkeit vgl. oben S. 17, Anm. 13 und S. 34, Anm. 129.

[137] Vereinbarung des Koordinierungsausschusses vom 26. Oktober 1945 („Die Berliner Konferenz der Drei Mächte", Sammelheft 1, S. 77 f.; *Kuhn*, a.a.O., S. 460 f.).

[138] Vereinbarung des Koordinierungsausschusses vom 27. November 1945 („Die Berliner Konferenz der Drei Mächte", Sammelheft 1, S. 78; *Kuhn*, a.a.O., S. 462).

[139] Vereinbarung vom 26. April 1946 (*Kuhn*, a.a.O.).

3*

Bei allen aufgeführten Vereinbarungen handelt es sich zwar um sogenannte Verwaltungsabkommen, d. h. um solche Abmachungen, die von
Regierungs- oder Verwaltungsorganen formlos ohne Zustimmung der
Volksvertretung getroffen worden sind und Angelegenheiten verwal-
tungsmäßiger oder technischer Art von untergeordneter politischer Bedeutung zum Gegenstand haben[140]. Sie sind jedoch für die beteiligten
Staaten ebenfalls völkerrechtlich verbindlich[141], denn nach der ganz überwiegend vertretenen Auffassung sind Verwaltungsabkommen anderen
völkerrechtlichen Verträgen ranggleich und haben dieselbe verpflich-
tende Wirkung wie diese[142].

Nach allem ist festzustellen, daß das gegenüber der Sowjetunion durch
das Londoner Protokoll *begründete* Zugangsrecht der Westmächte auf
dem Luftweg nach Berlin durch eine Anzahl von Viermächtevereinbarungen über die technische Ausgestaltung und die Art und Weise der Ausübung des Zugangsrechts auf dem Luftweg ausdrücklich *bestätigt* wurde.

C. Der Fortbestand des Zugangsrechts der Westmächte auf dem Luftweg nach Berlin gegenüber der Sowjetunion

Die im Schrifttum der SBZ aufgestellte Behauptung, der Luftverkehr
der Westmächte nach Berlin sei unzulässig[143] und insbesondere die von
der Sowjetunion vertretene Auffassung, das Londoner Protokoll vom
12. 9. 1944 sei „nicht mehr in Kraft befindlich"[144], werfen die Frage auf,
ob den Westmächten auch *gegenwärtig* noch ein Zugangsrecht auf dem
Luftweg nach Berlin zusteht.

I. Fortbestand des vertraglich begründeten Zugangsrechts der Westmächte

1. Unabhängigkeit des Zugangsrechts der Westmächte von den Viermächtevereinbarungen über den Luftverkehr nach Berlin

Im völkerrechtlichen Schrifttum der SBZ ist verschiedentlich behauptet worden, der Luftverkehr der Westmächte nach Berlin sei deshalb

---

[140] *Dahm*, Bd. III, S. 19.

[141] Vgl. dazu *Riklin*, Berlinproblem, S. 266 f., der dies für das in dem Schriftwechsel zwischen Truman, Churchill und Stalin liegende stillschweigende Abkommen (vgl. oben S. 32 f.), für die zwischen Clay, Weeks und Schukow am
29. 6. 45 getroffene Vereinbarung (vgl. oben S. 33) und für das Luftkorridorabkommen vom 30. 11. 45 (vgl. oben S. 17) im einzelnen begründet.

[142] *Dahm*, Bd. III, S. 21 mit weiteren Nachweisen.

[143] Vgl. etwa: *Lindner*, Zur Lufthoheit der DDR, in: Deutsche Außenpolitik,
1957, S. 832; *Graefrath*, Völkerrecht schützt Lufthoheit der DDR, in: Deutsche

unzulässig, weil die Viermächtevereinbarungen über den Luftverkehr nach Berlin nicht mehr wirksam seien[145]. Dies wurde teils damit begründet, daß diese Vereinbarungen durch den Beschluß des Ministerrates der UdSSR vom 20. 9. 1955[145a] aufgehoben worden seien[146]; teils damit, daß die Westmächte das Potsdamer Abkommen gebrochen hätten und sich daher heute auch nicht mehr auf dessen „technische Nebenabkommen" berufen könnten[147].

Dieser gegen die Zulässigkeit des Luftverkehrs der Westmächte nach Berlin erhobene Einwand der nachträglich eingetretenen Unwirksamkeit der den Luftverkehr betreffenden Viermächtevereinbarungen ist unbegründet. Denn einmal sind die erwähnten Viermächtevereinbarungen nach zutreffender Ansicht bis heute wirksam[148]; vor allem aber beruht das Zugangsrecht der Westmächte auf dem Luftweg nach Berlin nicht

---

Außenpolitik, 1962, S. 11 ff.; *Schrimer*, Völkerrecht schützt Grenzen der DDR, in: Deutsche Außenpolitik, 1963, S. 703 ff.; *Felber*, Völkerrechtliche Probleme bei der Sicherung der DDR-Staatsgrenze, in: Deutsche Außenpolitik, 1966, 284.

[144] Vgl. die Note der Sowjetunion an die drei Westmächte vom 27. 11. 1958, in: DzB, Dok. Nr. 241, S. 313; russisch in: „Prawda" vom 28. 11. 1958.

[145] Vgl. das oben Anm. 143 zitierte Schrifttum.

[145a] Dokumente zur Außenpolitik der Regierung der DDR, Bd. III, 1956, S. 284 f.; russisch in: „Prawda" vom 21. 9. 1955.

[146] *Lindner*, Zur Lufthoheit der DDR, in: Deutsche Außenpolitik (DA), 1957, S. 832.

[147] *Schrimer*, Völkerrecht schützt Grenzen der DDR, in: DA, 1963, S. 703 ff.; *Felber*, Völkerrechtliche Probleme bei der Sicherung der DDR-Staatsgrenze, in: DA, 1966, S. 284.

[148] Durch den Ministerratsbeschluß der UdSSR vom 20. 9. 1955 wurden an Deutschland gerichtete Kontrollratserlasse, *keine Viermächtevereinbarungen* aufgehoben, anderenfalls hätte sich die Sowjetunion nicht in demselben Beschluß ausdrücklich alle sich aus den Viermächtevereinbarungen ergebenden Rechte und Pflichten vorbehalten (DzB, Dok. Nr. 200); daß die den Luftverkehr betreffenden Viermächtevereinbarungen nicht durch den erwähnten Ministerratsbeschluß aufgehoben wurden, ergibt sich auch aus dem Briefwechsel Bolz—Sorin vom 20. 9. 55 (DzB, Dok. Nr. 199) und aus der gemeinsamen Erklärung der Regierungen der Sowjetunion und der „DDR" vom 7. 1. 1957 in Moskau (DzB, Dok. Nr. 209), in denen im Zusammenhang mit dem Verkehr der Westmächte nach Berlin von den „*bestehenden* Viermächtebeschlüssen" bzw. den „*bestehenden* Viermächteabkommen über die Benutzung von Luftkorridoren" die Rede ist. Vgl. dazu auch *Riklin*, Berlinproblem, S. 274.

Auch aus der behaupteten Verletzung des Potsdamer Abkommens durch die Westmächte läßt sich die Unwirksamkeit der Viermächtevereinbarungen über den Luftverkehr nicht ableiten, denn nach geltendem Völkerrecht ist die Verletzung eines zwischen zwei Staaten bestehenden Vertrages durch einen der Vertragspartner für den anderen Vertragspartner kein Auflösungsgrund für einen zwischen denselben Staaten bestehenden *anderen* Vertrag. Da sich im übrigen bisher keine der an den Vereinbarungen über den Luftverkehr beteiligten vier Mächte gegen die Wirksamkeit der Vereinbarungen gewandt hat und auch keine Auflösungsgründe ersichtlich sind, so sind diese Abkommen auch heute noch gültig.

auf den angegriffenen Viermächtevereinbarungen über den Luftverkehr[149], sondern auf dem Londoner Protokoll vom 12. 9. 1944[150].

Entscheidend für den Fortbestand des *vertraglich* begründeten Zugangsrechts der Westmächte auf dem Luftweg nach Berlin gegenüber der Sowjetunion ist daher allein der Fortbestand des Londoner Protokolls.

2. Fortbestand des die vertragliche Grundlage des Zugangsrechts bildenden Londoner Protokolls vom 12. 9. 1944

Die Sowjetunion hat in ihrer an die drei Westmächte gerichteten Note vom 27. 11. 1958 unter anderem das Londoner Protokoll vom 12. 9. 1944 nebst seinen Zusatzabkommen „als nicht mehr in Kraft befindlich" bezeichnet[151]. Dieser Erklärung käme eine Bedeutung nur dann zu, wenn sich die Sowjetunion zur Begründung der Unwirksamkeit dieser Verträge auf einen völkerrechtlich anerkannten Auflösungsgrund stützen könnte. Völkerrechtliche Verträge können aus vielen Gründen beendet werden. Neben der Möglichkeit einer einverständlichen Aufhebung völkerrechtlicher Verträge ist zwischen Auflösungsgründen zu unterscheiden, die im Vertrag selbst vorgesehen sind und anderen, die sich aus dem Völkergewohnheitsrecht ergeben[152].

Häufig vertraglich vorgesehene Auflösungsgründe sind z. B. der Zeitablauf, die Kündigung und der Eintritt einer auflösenden Bedingung. Die wichtigsten im Völkergewohnheitsrecht anerkannten Auflösungsgründe sind die dauernde Nichtanwendung eines Vertrages (desuetudo), der Untergang eines Vertragsteiles, der Rücktritt vom Vertrag wegen Vertragsverletzung durch den Vertragspartner und der Rücktritt vom Vertrag wegen wesentlicher Veränderung der Umstände (clausula rebus sic standibus)[153]. Da im Londoner Protokoll und seinen Zusatzabkommen keine Vorschriften über eine Beendigung dieser Verträge vorgesehen sind, konnte sich die Sowjetunion mit Aussicht auf Erfolg nur auf einen der erwähnten gewohnheitsrechtlich anerkannten Auflösungsgründe berufen.

Auf welchen dieser Auflösungsgründe sich die Sowjetunion zur Begründung der Unwirksamkeit der angegriffenen Abkommen stützen wollte, kann der in dieser Hinsicht ungenau gefaßten sowjetischen Note vom 27. 11. 1958 nicht mit Sicherheit entnommen werden. Auf die offen-

---

[149] Diese Vereinbarungen regeln lediglich die technische Ausgestaltung und die Art und Weise der Ausübung des Zugangsrechts auf dem Luftweg nach Berlin (vgl. oben S. 32 ff.).

[150] Vgl. dazu oben S. 28 ff.

[151] DzB, Dok. Nr. 241, S. 313; russisch in: „Prawda" vom 28. 11. 1958.

[152] *Berber*, Bd. I, S. 451 ff.; *Verdross*, VR, 5. Aufl. 1964, S. 175 f.; *Guggenheim*, Lehrbuch des VR, Bd. I, 1948, S. 104 ff.

[153] *Berber*, a.a.O.; *Verdross*, a.a.O.; *Guggenheim*, a.a.O.

sichtlich nicht vorliegenden Tatbestände der „dauernden Nichtanwendung eines Vertrages" und des „Unterganges eines Vertragsteiles" hat
sich die Sowjetunion in ihrer Note jedenfalls nicht berufen. Weiter ist
auch nicht anzunehmen, daß sie sich auf die „clausula rebus sic stantibus"
berufen wollte: Dieser Auflösungsgrund wird nämlich von der Sowjetunion grundsätzlich[154] nicht anerkannt, sondern als eine Erfindung der
„bürgerlichen Staaten" bezeichnet, die dazu diene, deren Vertragsbrüche
zu rechtfertigen[155, 156]. Hiernach bleibt als einzig möglicher Auflösungsgrund der des Rücktritts vom Vertrag wegen Vertragsverletzung durch
den Vertragspartner. Tatsächlich konzentriert sich die Sowjetunion in
ihrer Note auch im wesentlichen darauf, den Westmächten eine Vertragsverletzung nachzuweisen. Vorgeworfen wird den Westmächten aber nur
eine Verletzung des *Potsdamer Abkommens*, während es von dem Londoner Protokoll, um dessen Außerkraftsetzung es in der Note geht, heißt:

> „Tatsächlich wird heute von allen Abkommen über Deutschland zwi
> schen den Alliierten nur eines eingehalten: das Abkommen über den
> sogenannten Viermächtestatus Berlins[157]."

Hieraus folgt, daß sich die Sowjetunion auf eine Verletzung des Potsdamer Abkommens beruft, um damit ihren Rücktritt von dem auch nach
ihrer Auffassung *nicht* verletzten Londoner Protokoll zu begründen.

Ohne auf die Frage einzugehen, wer das Potsdamer wirklich verletzt
hat[158], kann dazu gesagt werden, daß nach geltendem Völkerrecht die
Verletzung eines zwischen zwei Staaten bestehenden Vertrages durch
einen Vertragsteil für den anderen Vertragsteil kein Grund zum Rücktritt von einem zwischen denselben Staaten bestehenden *anderen* Vertrag
ist. Eine Ausnahme hiervon gilt nur dann, wenn die Verträge untrennbar

---

[154] Als einzige Ausnahme ist der Fall der „sozialökonomischen Revolution"
innerhalb eines Staates anerkannt, vgl. dazu *Lummert*, Marxismus-Leninismus
und Völkerrecht, 1959, S. 54.

[155] *Lummert*, a.a.O.; *Legien*, Die Viermächtevereinbarungen über Berlin,
2. Aufl. 1961, S. 30.

[156] Aber auch für den Fall, daß man der sowjetischen Note vom 27. 11. 1958
eine Berufung auf die „clausula rebus sic stantibus" entnehmen will, ist im
westlichen Schrifttum mehrfach überzeugend nachgewiesen worden, daß die
Sowjetunion diesen Auflösungsgrund für sich nicht in Anspruch nehmen kann
(vgl. dazu insbesondere *Schüle*, Berlin als völkerrechtliches Problem, in: Berlin
in Vergangenheit und Gegenwart, 1961, S. 137 f.; *Rottmann*, Der Viermächte-
Status Berlins, 1959, S. 72 ff.; siehe auch *Legien*, a.a.O., S. 30 f.; *Riklin*, Berlinproblem, S. 283 f.; *Gunst*, Russischer Separatfrieden mit der „DDR"?, in:
Außenpolitik, 1959, S. 504.

[157] DzB, Dok. 241, S. 309.

[158] Dazu, daß dies in Wahrheit die Sowjetunion und nicht die Westmächte
waren, siehe *Rottmann*, Der Viermächte-Status Berlins, 1959, S. 76 ff.; *Legien*,
a.a.O., S. 25 ff.; *Faust*, Die völkerrechtliche Beurteilung der Berlin-Frage, in:
Wehrwissenschaftliche Rundschau, 1963, S. 523 f.

miteinander verknüpft sind[159] .Dieser Ausnahmefall liegt jedoch trotz der gegenteiligen Behauptungen der Sowjetunion, die in ihrer Note den Versuch unternimmt, das Potsdamer Abkommen als die „Grundlage" des Londoner Protokolls hinzustellen, nicht vor. Das ergibt sich bereits daraus, daß das Potsdamer Abkommen dem Londoner Protokoll zeitlich nachfolgte, also nicht „Grundlage" dieses Abkommens sein kann[160]. Auch unter Berufung auf den Auflösungsgrund der Vertragsverletzung kann die Sowjetunion daher nicht vom Londoner Protokoll zurücktreten[161].

Die einzige Möglichkeit zur Aufhebung dieses Abkommens läge demnach in einer übereinstimmenden Vereinbarung zwischen den vier Vertragspartnern. Da eine solche Vereinbarung bisher nicht getroffen wurde, bestehen sowohl das Londoner Protokoll selbst als auch das auf ihm beruhende Zugangsrecht der Westmächte gegenüber der Sowjetunion zu Lande, zu Wasser *und in der Luft* bis heute fort.

II. Fortbestand des Zugangsrechts der Westmächte auch bei Wegfall der vertraglichen Rechtsgrundlage auf Grund Gewohnheitsrechts

Selbst wenn aber einmal der Wegfall des Londoner Protokolls in Vergangenheit oder Zukunft unterstellt wird, so folgt daraus nicht ohne weiteres der Untergang des Zugangsrechts der Westmächte auf dem Luftweg nach Berlin gegenüber der Sowjetunion, denn das Zugangsrecht der Westmächte könnte sich auch unabhängig von der vertraglichen Rechtsgrundlage aus dem Gewohnheitsrecht ableiten lassen.

Neben dem Vertrag ist das Gewohnheitsrecht unbestritten als Völkerrechtsquelle anerkannt[162]. So ist zum Beispiel in Art. 38 I b des Statuts des Internationalen Gerichtshofs (IGH), der die Rechtsquellen des Völkerrechts aufzählt, von dem „internationalen Brauch als Ausdruck einer allgemeinen als Recht anerkannten Übung" die Rede. Zwar spricht diese Vorschrift nur von dem *allgemeinen*, d. h. dem für alle Mitglieder der Völkerrechtsgemeinschaft geltenden Gewohnheitsrecht. Es ist aber anerkannt, daß im Gegensatz zu der unvollständigen Fassung des Art, 38 I b des Statuts des IGH Gewohnheitsrecht auch als nur für einen Teil der Völkerrechtsgemeinschaft[163] oder sogar als lokales nur zwischen zwei

---

[159] *Schüle*, Berlin als völkerrechtliches Problem, in: Berlin in Vergangenheit und Gegenwart, 1961, S. 136.

[160] Ebenso *Legien*, a.a.O., S. 21.

[161] *Schüle*, a.a.O., S. 136; *Rottmann*, a.a.O., S. 72.

[162] Vgl. z. B.: *Berber*, Bd. I, S. 41 ff.; *Dahm*, Bd. I, S. 28 ff.; *Verdross*, VR, 5. Aufl. 1964, S. 137 ff.; *Guggenheim*, VR, Bd. I, 1948, S. 45 ff.; *Strupp-Schlochauer*, WbVR, Bd. III, S. 769 f.

[163] *Strupp-Schlochauer*, a.a.O., S. 769; *Guggenheim*, a.a.O., S. 48; *Verdross*, a.a.O., S. 142; ICJ Reports 1950, S. 276 f. (Urteil im „Haya de la Torre-Fall").

Staaten oder Staatengruppen geltendes Recht[164] (sog. partikuläres Gewohnheitsrecht) entstehen kann.

Das Zugangsrecht der Westmächte gegenüber der Sowjetunion könnte daher sowohl auf allgemeinem als auch auf partikulärem Völkergewohnheitsrecht beruhen.

1. Zugangsrecht der Westmächte auf Grund allgemeinen Gewohnheitsrechts

Ein allgemeiner Gewohnheitsrechtssatz des Inhalts, daß eine Besatzungsmacht, deren Besatzungsgebiet von dem Besatzungsgebiet einer anderen Besatzungsmacht vollständig eingeschlossen ist, ein Recht auf Zugang zu ihrer „Besatzungsenklave" hat, kann schon deshalb nicht bestehen, weil dieses Problem der Staatenpraxis bisher unbekannt war.

Möglich wäre jedoch, daß das Völkerrecht einen allgemeinen Gewohnheitsrechtssatz über das Zugangsrecht zu einer Enklave kennt, der sich auf den Zugang der Westmächte nach Berlin *entsprechend* anwenden ließe.

Dem Völkerrecht war das mit dem Bestehen von Enklaven verbundene Zugangsproblem bisher in zwei Fällen bekannt: Einmal in dem Fall des sogenannten Enklaventeilstaates, in dem ein von dem Gebiet seines Kernstaates geographisch losgelöster Staats*teil* inmitten des Gebietes eines anderen Staates liegt[165] und zum anderen in dem Fall des sogenannten Enklavenstaates, in dem ein *ganzer* Staat von dem Staatsgebiet eines anderen Staates eingeschlossen ist[166]. Für den Fall des Enklaventeilstaates sind im Völkerrecht zwar gewisse Mindestrechte auf Verkehr zwischen dem Kernstaat und seiner Exklave gewohnheitsrechtlich anerkannt[167].

---

[164] *Strupp-Schlochauer*, a.a.O.; ICJ Reports 1951, S. 139 (Urteil im „British-Norwegischen Fischerei-Fall"); ICJ Reports 1952, S. 199 f. (Urteil im „Amerikanische Staatsangehörige in Marokko-Fall"); ICJ Reports, 1960, S. 39 (Urteil im „Durchgangsrecht über indisches Gebiet-Fall", in dem ausgeführt wird: „It is difficult to see why the number of States between which a local custom may be established on the basis of a long practice must necessarily be larger than two. The court sees no reason why long continued practice between two States accepted by them as regulating their relations should not form the basis of mutual rights and obligations between the two States.")

[165] Beispiele bilden die deutschen Enklaven Büsingen und Verenahof im Schweizer Kanton Schaffhausen, die italienische Enklave Campione im Schweizer Kanton Tessin, die portugiesischen Enklaven Dadra und Nagar Aveli an der Westküste Indiens.

[166] Beispiele sind San Marino, der Vatikan-Staat und der neue in Südafrika gelegene Staat Lesotho (früher Basutoland).

[167] Siehe dazu im einzelnen *Krenz*, International enclaves and rights of passage, 1961, S. 138 ff., insbes. S. 145 f.; *Strupp-Schlochauer*, WbVR, Bd. I, S. 426.

Diese Rechte erstrecken sich jedoch nur auf den *Land*verkehr zwischen Kernstaat und Exklave und sind überdies auf Privatpersonen sowie in der Exklave diensttuende Verwaltungs- und Polizeibeamte beschränkt[168]. Einen allgemeinen Gewohnheitsrechtssatz, der dem Kernstaat auch die Durchführung von *Luft*verkehr zu seiner Exklave gestattet, kennt das geltende Völkerrecht nicht.

Für den Fall des Enklavenstaates kennt das geltende Völkerrecht ebenfalls keinen das Zugangsrecht zu den internationalen Verkehrswegen zu Lande, zu Wasser oder in der Luft einräumenden allgemeinen Gewohnheitsrechtssatz[169].

Das Zugangsrecht der Westmächte auf dem Luftweg nach Berlin läßt sich daher weder auf einen unmittelbar noch auf einen entsprechend anwendbaren *allgemeinen* Gewohnheitsrechtssatz über das Zugangsrecht zu Enklaven stützen.

2. Zugangsrecht der Westmächte
auf Grund partikulären Gewohnheitsrechts

Das Zugangsrecht der Westmächte auf dem Luftweg nach Berlin gegenüber der Sowjetunion könnte sich aber als *partikuläres* Gewohnheitsrecht gebildet haben.

Voraussetzung für die Entstehung von Gewohnheitsrecht ist nach herrschender Lehre erstens eine längere gleichförmige Übung der beteiligten Parteien (consuetudo), wobei von einer „Übung" nur gesprochen werden kann, wenn die Beteiligten eine tatsächliche Einwirkungsmöglichkeit auf den im Wege der „Übung" zu regelnden Tatbestand haben. Zweitens müssen die beteiligten Parteien in dem Bewußtsein handeln, sich bei dieser „Übung" rechtmäßig zu verhalten (opinio iuris sive necessitatis)[170].

---

[168] Vgl. dazu *Krenz*, a.a.O.

[169] Vgl. dazu die auf Veranlassung der Vereinten Nationen vom 24. 2.—27. 4. 1958 in Genf abgehaltene internationale Seerechtskonferenz, auf der vier Abkommen über das Meeresvölkerrecht in Friedenszeiten beschlossen wurden (dazu siehe *Münch*, Die internationale Seerechtskonferenz in Genf 1958, in: Arch. VR, Bd. 8 (1959/60), S. 180 ff.). In der „Konvention über das Regime der Hohen See" (abgedruckt in: Arch. VR, Bd. 7 (1958/59), S. 313 ff.) sprach die Konferenz zwar den Grundsatz aus, daß die Hohe See allen Staaten offen stehe (Art. 2) und jeder Staat das Recht habe, unter seiner Flagge Schiffahrt zu betreiben (Art. 4), betonte aber gleichzeitig, daß Staaten ohne eigene Küste ihren Zugang zum Meer *vertraglich* mit dem jeweiligen Küstenstaat regeln müßten (Art. 3); vgl. auch: *Thierry*, Les Etats privés de littoral maritime, in: Revue générale de droit international public, 3 Sér., 1958, S. 612 f.; *Krenz*, a.a.O., S. 79 f.

[170] *Strupp-Schlochauer*, WbVR, Bd. III, S. 769; *Dahm*, Bd. I, S. 29 und 32; *Berber*, Bd. I, S. 43; *Oppenheim-Lauterpacht*, International Law, Bd. I, 8. Aufl. 1955, S. 35; PCIJ Ser. A, 10, S. 28 (Urteil im „Lotus-Fall"); ICJ Reports, 1950, S. 276 f. (Urteil im „Haya de la Torre-Fall"); ICJ Reports, 1960, S. 40 (Urteil im

Eine längere gleichförmige Übung der drei Westmächte auf der einen Seite und der Sowjetunion auf der anderen Seite könnte in der praktischen Durchführung des westlichen Luftverkehrs nach Berlin gesehen werden.

Seit der Besetzung ihrer Besatzungssektoren in Berlin im Juli 1945 führen die Westmächte einen ununterbrochenen Luftverkehr nach Berlin durch: Neben militärischen Maschinen flogen von den ersten Tagen der Besetzung auch zivile Chartermaschinen der Westmächte Berlin an[171]. Am 20. Mai 1946 führte die „American Overseas Airlines" regelmäßige Berlinflüge ein[172]. Am 1. September 1946 nahm auch die „British European Airways" den regelmäßigen Flugverkehr nach Berlin auf[173] und im Januar 1950 schloß sich die „Air France" an[174]. Im Jahre 1948 wurden insgesamt 549 Hin- und Rückflüge von Zivilmaschinen nach Berlin durchgeführt, 1949 waren es bereits 4776 und 1950 6974[175]. Bis zum Jahre 1961 stieg die Zahl der im Berliner Zivilluftverkehr gezählten Hin- und Rückflüge auf insgesamt 39 895 an[176], im Jahre 1964 betrug sie 63 701[177]. Dieser gesamte Flugverkehr einschließlich des daneben abgewickelten militärischen Luftverkehrs der Westmächte nach Berlin wurde von der Sowjetunion geduldet und von der seit Februar 1946 ununterbrochen betriebenen Luftsicherheitszentrale[178] geregelt, in der neben den drei Westmächten auch die *Sowjetunion* vertreten ist.

„Durchgangsrecht über indisches Gebiet-Fall"); *Korowin*, in: Völkerrecht. Hrsg. von der Akademie der Wissenschaften der UdSSR, 1960, S. 5; *a. A.* soweit ersichtlich nur *Guggenheim*, Lehrbuch des Völkerrechts, Bd. I, 1948, S. 46, der das subjektive Merkmal der Rechtsüberzeugung für überflüssig hält.

[171] Vgl. dazu die Noten der drei Westmächte an die Sowjetunion vom 8. 9. 1961 zur Frage der Luftkorridore, Text der amerikanischen Note in: DzB, Dok. Nr. 356; englisch in: The Department of State Bulletin, Bd. XLV, Nr. 1161, S. 511 ff.

[172] Vgl. die amerikanische Note vom 8. 9. 61, a.a.O.; diese Gesellschaft ging später in der PAA auf.

[173] Vgl. dazu die britische Note vom 8. 9. 61, Text in: Selected Documents on Germany and the Question of Berlin 1944—1961, Commandpapers 1552, Dok. Nr. 197, S. 481.

[174] „Der Tagesspiegel" vom 26./27. Sept. 1965, S. 22.

[175] Vgl. die amerikanische Note vom 8. 9. 61, in: DzB, Dok. Nr. 356.

[176] DzB, S. 543; Statistisches Jahrbuch Berlin 1962, Abschnitt XV (Verkehr), S. 207.

[177] Statistisches Jahrbuch Berlin 1965, Abschnitt XV (Verkehr), S. 250.

[178] Über die durch Beschluß des Koordinierungsausschusses vom 26. 10. 1945 errichtete Luftsicherheitszentrale Berlin (vgl. dazu oben S. 35, Anm. 137) heißt es in dem Abkommen über die Flugvorschriften in seiner 2. abgeänderten Fassung vom 22. 10. 1946 (vgl. oben S. 17, Anm. 15) in Abschnitt I, 4.:
„Luftsicherheitszentrale Berlin.
Die Luftsicherheitszentrale Berlin ist im Alliierten Kontrollratsgebäude zu dem Zweck gebildet worden, die Sicherheit von Flügen aller Luftfahrzeuge im Berliner Gebiet zu gewährleisten. Diese Sicherheitszentrale hat jedes Befliegen der Kontrollzone Berlin und auch der Korridore, die sich von Ber-

Es kann daher, was die praktische Durchführung des westlichen Luftverkehrs nach Berlin betrifft, von einem „längeren und gleichförmigen Verhalten der beteiligten Parteien" gesprochen werden.

Zu prüfen ist aber weiter, ob diese gleichförmige Praxis von den vier Mächten auch als rechtmäßig angesehen wurde, denn ohne eine derartige Rechtsüberzeugung kann Gewohnheitsrecht nicht entstehen[179].

Bei den drei Westmächten kann in dieser Hinsicht kein Zweifel bestehen; sie haben immer wieder ihren Standpunkt dargelegt, daß sich ihr Zugangsrecht auf dem Luftweg nach Berlin bereits aus ihrem Besatzungsrecht in Berlin ergebe und außerdem vertraglich und gewohnheitsrechtlich bestätigt worden sei[180]. Aber auch die Sowjetunion hat häufig zu erkennen gegeben, daß sie die Durchführung eines westlichen Luftverkehrs nach Berlin *grundsätzlich* für rechtmäßig halte. Das ergibt sich einmal aus den zwischen der Sowjetunion und den Westmächten getroffenen, die Art und Weise der Ausübung des Zugangsrechts auf dem Luftweg betreffenden Abkommen[181]. Hätte die Sowjetunion den westlichen Luftverkehr nach Berlin für unrechtmäßig gehalten, so hätte sie keine Vereinbarungen über die Durchführung dieses Luftverkehrs getroffen. Daß die Sowjetunion grundsätzlich von der Rechtmäßigkeit des westlichen Luftverkehrs nach Berlin ausging, läßt sich zum anderen aus der großen Zahl von sowjetischen Protesten und Noten ableiten, die im Zusammenhang mit dem westlichen Luftverkehr nach Berlin an die Westmächte gerichtet wurden und die nicht den Luftverkehr als solchen, sondern lediglich die Art seiner Abwicklung betrafen:

Wenn die Sowjetunion zum Beispiel am 6. 7. 1948[182] und am 22. 6. 1964[183] gegen angebliche Verletzungen der in den Korridoren geltenden interalliierten Flugvorschriften durch westliche Maschinen protestierte, so bestätigte sie damit indirekt, daß bei *Beachtung* der Flugvorschriften ein Recht zum Befliegen der Korridore besteht[184]; wenn die Sowjetunion

---

lin aus bis zu den Grenzen der benachbarten Kontrollbezirke erstrecken, zu regeln. Die Funktionen der Luftsicherheitszentrale Berlin sind folgende: . . ." (Es folgen die einzelnen Aufgaben der Luftsicherheitszentrale; zitiert nach: DzB, Dok. Nr. 37.)

[179] Vgl. oben S. 42 und die dort in Anm. 170 zitierten Nachweise.

[180] Vgl. z. B. die Noten der Westmächte an die Sowjetunion vom 31. 12. 1958 (DzB, Dok. Nr. 249); vom 13. 4. 1959 (DzB, Dok. Nr. 287); vom 17. 7. 1961 (DzB, Dok. Nr. 283); vom 26. 8. 1961 (DzB, Dok. Nr. 353); vom 8. 9. 1961 (DzB, Dok. Nr. 356); vom 15. 2. 1962 (DzB, Dok. Nr. 358).

[181] Siehe zu diesen Abkommen oben S. 32 ff.

[182] Vgl. *Davison*, S. 156.

[183] „Der Tagesspiegel" vom 23. 6. 1964, S. 1.

[184] Ebenso kann die sowjetische Argumentation, das am 29. 4. 1952 von sowjetischen Jägern beschossene französische Verkehrsflugzeug sei nur deshalb angegriffen worden, weil es außerhalb der Korridorgrenzen geflogen sei (vgl. dazu Keesing's Archiv der Gegenwart, 1952, S. 3450), nur so ausgelegt werden, daß der sich *innerhalb* der Korridore abspielende westliche Luftverkehr nach Berlin auch nach Ansicht der Sowjetunion rechtmäßig ist.

weiter in ihren Noten vom 18. 9. 1948[185], vom 23. 8. 1961[186] und vom 2. 9. 1961[187] die Einstellung aller Zivilflüge der Westmächte nach Berlin als durch das Luftkorridorabkommen von 1945 nicht gerechtfertigt verlangte, so wandte sie sich auch damit nicht grundsätzlich gegen das Zugangsrecht der Westmächte auf dem Luftweg nach Berlin, sondern gegen die Art und Weise der Ausübung dieses Rechtes; wenn die Sowjetunion endlich in ihren an die Westmächte gerichteten Noten vom 4. 4. 1959[188] und vom 22. 6. 1964[189] das Befliegen der Korridore nach Berlin in Höhen von über 3050 m bzw. internationale Flüge nach Berlin als unzulässig bezeichnete, so ist auch das nur ein Beweis dafür, daß sie den westlichen Luftverkehr nach Berlin grundsätzlich für rechtmäßig hält, wenn auch nicht in dem von den Westmächten durchgeführten Umfang.

Da die Voraussetzungen für die Bildung von Gewohnheitsrecht damit gegeben sind, so kann festgestellt werden, daß sich — den Wegfall der vertraglichen Rechtsgrundlage unterstellt — das Zugangsrecht der Westmächte auf dem Luftweg nach Berlin gegenüber der Sowjetunion auch auf *partikuläres* Gewohnheitsrecht stützen läßt[190].

III. Fortbestand des Zugangsrechts der Westmächte auch unabhängig von Vertrag und Gewohnheitsrecht auf Grund allgemeiner Rechtsgrundsätze

Hilfsweise soll noch geprüft werden, ob sich das Zugangsrecht der Westmächte nach Berlin auch unabhängig von Vertrag *und* Gewohnheitsrecht bereits aus den in Art. 38 I c des Statuts des IGH genannten „von den zivilisierten Staaten anerkannten allgemeinen Rechtsgrundsätzen" ergibt.

Dafür ist einmal Voraussetzung, daß es sich bei diesen „allgemeinen Rechtsgrundsätzen" um eine neben Vertrag und Gewohnheitsrecht bestehende selbständige Völkerrechtsquelle handelt, zum anderen müßte sich ein „allgemeiner Rechtsgrundsatz" nachweisen lassen, aus dem sich ein Zugangsrecht der Westmächte nach Berlin ableiten läßt.

---

[185] Text in: Die Sowjetunion und die Berliner Frage, Bd. I, 1948, S. 54/58.

[186] DzB, Dok. Nr. 352.

[187] DzB, Dok. 355.

[188] DzB, Dok. Nr. 285; russisch in: „Prawda" vom 6. 4. 59.

[189] „Der Tagesspiegel" vom 23. 6. 1964, S. 1.

[190] Ebenso *Bentzien* (Die Luftkorridore von und nach Berlin, in: Außenpolitik, 1961, S. 688 f.) und *Sommer* (Welche Rechte für wen?, in: „Die Zeit" vom 1. 9. 1961) unter Berufung auf die Entscheidung des IGH vom 12. 4. 1960 (ICJ Reports, 1960, S. 27 ff.: Urteil im „Durchgangsrecht über indisches Gebiet-Fall"), in der der Gerichtshof das Zugangsrecht Portugals zu seinen auf ind. Gebiet gelegenen Exklaven Dadra und Nagar Aveli auf Grund partikulären Gewohnheitsrechts anerkannte (S. 43).

1. Allgemeine Rechtsgrundsätze als Völkerrechtsquelle

Jedenfalls bis zum Inkrafttreten des Statuts des Ständigen Internationalen Gerichtshofes (StIG)[191] im Jahre 1920 war man überwiegend der Auffassung, daß Verträge und Gewohnheitsrecht die einzigen Quellen des Völkerrechts seien. Art. 38 Abs. 1 des Statuts der StIG[192], der die von diesem Gerichtshof bei seinen Entscheidungen anzuwendenden Rechtsnormen erschöpfend aufzählte, enthielt erstmals eine von der herkömmlichen Auffassung ausdrücklich abweichende Formulierung der Völkerrechtsquellen, indem er neben dem Vertrags- und Gewohnheitsrecht auch „die allgemeinen von den zivilisierten Nationen anerkannten Rechtsgrundsätze" als weitere Quelle des Völkerrechts nannte. Diese Formulierung löste Erörterungen darüber aus, ob die „allgemeinen Rechtsgrundsätze" eine nur für die Entscheidungen des StIG verbindliche Rechtsquelle darstellten[193], oder ob es sich hier um eine dritte für den zwischenstaatlichen Verkehr allgemein geltende Völkerrechtsquelle handle[194].

Ein Blick auf die Geschichte der internationalen Schiedsgerichtsbarkeit beweist, daß die Schiedsgerichte bei ihrer Rechtsprechung schon Jahrhunderte vor dem Inkrafttreten des Statuts des StIG auf weder im Vertrags- noch im Gewohnheitsrecht enthaltene „allgemeine Rechtsgrundsätze" zurückgriffen[195].

Weitere Beispiele für die Berufung der Staatenpraxis auf „allgemeine Rechtsgrundsätze" aus der letzten Zeit vor dem Inkrafttreten des Statuts des StIG liefern etwa die Präambel des IV. Haager Abkommens über die Gesetze und Gebräuche des Landkriegs vom 18. 10. 1907[196], in der bestimmt wird, daß das Völkerrecht mangels anderer Bestimmungen entsprechend „den unter gesitteten Völkern feststehenden Gebräuchen"

---

[191] Art. 14 der Völkerbundssatzung sah die Errichtung eines StIG vor. Der auf Grund dieser Vorschrift von einer Juristenkommission ausgearbeitete Entwurf wurde am 3. 12. 1920 von der Völkerbundsversammlung angenommen. Der damit errichtete StIG bestand rechtlich selbständig neben dem Völkerbund. Im Jahre 1945 wurde er auf der Konferenz von San Franzisko aufgelöst. (Siehe dazu *Dahm*, Bd. II, S. 470 f.).

[192] Statut und Reglement des Ständigen Internationalen Gerichtshofes, in: ZIR 30 (1923), S. 200 ff.

[193] So etwa *Anzilotti*, Corso di diritto internazionale, 1923, S. 63 f.

[194] So insbesondere *Verdross*, Die Verfassung der Völkerrechtsgemeinschaft, 1926, S. 57 ff.; *ders.*, Die allgemeinen Rechtsgrundsätze als Völkerrechtsquelle, in: Gesellschaft, Staat und Recht, Festschrift für Hans Kelsen, 1931, S. 354 ff.

[195] Beispiele bei *Taube*, Les origines de l'arbitrage international, in: Recueil des Cours de l'Académie de droit international de la Haye, 42 (1932), IV, S. 91; siehe auch die beiden Fälle bei *Balladore Pallieri*, Diritto internazionale publico, 1952, S. 194 (beide zitiert nach *Verdross*, 4. Aufl. 1959, S. 90, Anm. 1); weitere Beispiele jüngeren Datums bei *Verdross*, Die Verfassung der Völkerrechtsgemeinschaft, 1926, S. 57 f.

[196] RGBl. 1910, S. 109.

angewendet werden solle, sowie Art. 73 des I. Haager Abkommens[197] und die Präambel zum XIII. Haager Abkommen[198] von 1907, die ebenfalls auf die „allgemeinen Rechtsgrundsätze" Bezug nehmen.

Auch nach dem Inkrafttreten des Statuts des StIG wurden „die von den zivilisierten Staaten anerkannten allgemeinen Rechtsgrundsätze" nicht nur in vielen Entscheidungen des Gerichtshofes selbst[199], sondern auch häufig außerhalb des Anwendungsbereiches des Statuts von der Staatenpraxis angewendet. So beziehen sich eine große Anzahl von internationalen Schiedsverträgen[200], anderen internationalen Verträgen[201] und Schiedsurteilen[202] auf „die von den zivilisierten Staaten anerkannten allgemeinen Rechtsgrundsätze" als eine neben Vertrag und Gewohnheitsrecht bestehende Rechtsquelle des Völkerrechts.

Es kann hiernach festgestellt werden, daß sich die Staatenpraxis sowohl vor als auch nach der Formulierung des Art. 38 des Statuts des StIG vielfach auf die sogenannten allgemeinen Rechtsgrundsätze berufen hat. Damit erscheint die Annahme gerechtfertigt, daß sich hier im Wege des Völkergewohnheitsrechts in Gestalt der „allgemeinen Rechtsgrundsätze" eine neue allgemeinverbindliche Quelle des Völkerrechts gebildet hat[203]. Als Bestätigung dessen kann auch die neue Fassung der Einleitung

---

[197] RGBl. 1910, S. 46.

[198] RGBl. 1910, S. 344.

[199] Übersicht dazu siehe bei *Fitzmaurice*, The Law and procedure of the I.C.J.: General prinziples and substantive law, in: British Yearbook of international law, 27 (1950), S. 1 ff. und 30 (1953), S. 1 ff.

[200] Siehe z. B. den deutsch-schweizerischen Schiedsvertrag vom 3. 12. 1921 (Traités généraux d'arbitrage communiqués au Bureau International de la Cour permanente d'Arbitrage, Bd. 3, 1928, S. 31 ff.); den deutsch-schwedischen Schiedsvertrag vom 29. 8. 1924 (a.a.O., Bd. 4, 1929, S. 16 ff.); den deutsch-finnischen Schiedsvertrag vom 14. 3. 1925 (a.a.O., Bd. 4, 1929, S. 31 ff.); den deutsch-estnischen Schiedsvertrag vom 10. 8. 1925 (a.a.O., Bd. 4, 1929, S. 57 ff.); den deutsch-niederländischen Schiedsvertrag vom 20. 5. 1926 (a.a.O., Bd. 3, 1928, S. 141 ff.); den deutsch-dänischen Schiedsvertrag vom 2. 6. 1926 (a.a.O., Bd. 3, 1928, S. 154 ff.); den polnisch-tschechoslowakischen Schiedsvertrag vom 23. 4. 1925 (a.a.O., Bd. 3, 1928, S. 77 ff.).

[201] Für den Fall der Kündigung der Genfer Rotkreuzabkommen vom 12. 8. 1949 nehmen Art. 63 des I., Art. 62 des II., Art. 142 des III. und Art. 158 des IV. Abkommens auf die „allgemeinen Rechtsgrundsätze" Bezug (Text der Abkommen in: BGBl. 1954, II, S. 783 ff.; Verträge der BRD, Serie A, Bd. 5, Nr. 38, 39, 40, 41); ebenso nimmt die Menschenrechtskonvention des Europarates vom 4. 11. 1950 in Art. 7 Abs. 2 auf die „allgemeinen, von den Kulturvölkern anerkannten Grundsätze des Rechts" Bezug (Text der Konvention in: Verträge der BRD, Serie A, Bd. 2, Nr. 20).

[202] Entscheidung der gemischten deutsch-amerikanischen Beschwerdekommission vom 1. November 1923, in: *J. C. Wittenberg*, Commission mixte de réclamations germans-américaine, I, 1926, S. 12; Entscheidung des speziellen deutsch-portugiesischen Schiedsgerichts vom 31. Juli 1928 in der Angelegenheit „Maziura" und „Nalilaa", in: Recueil des décisions des tribunaux arbitraux mixtes, VIII, S. 408 ff.; spezielles deutsch-rumänisches Schiedsgericht in der Angelegenheit „Goldenberg" vom 27. September 1928, in: ZaöRV, 1929, S. 87.

des im übrigen vom IGH[204] als dem Nachfolger des StIG unverändert übernommenen Art. 38 des Statuts gelten, der nunmehr lautet:

> „Der Gerichtshof, dessen Aufgabe es ist, die ihm unterbreiteten Streitigkeiten *nach Völkerrecht*[205] zu entscheiden, wendet an:
>
> a) die internationalen Abkommen . . . ,
>
> b) den internationalen Brauch als Ausdruck einer allgemeinen als Recht anerkannten Übung,
>
> c) die von den zivilisierten Staaten anerkannten allgemeinen Rechtsgrundsätze, . . .[206]."

Damit ist klar zum Ausdruck gebracht, daß auch „die von den zivilisierten Staaten anerkannten allgemeinen Rechtsgrundsätze" zu den allgemeinverbindlichen Völkerrechtsquellen gehören[207]. Das ist auch von fast allen Staaten durch ihren Eintritt in die Organisation der Vereinten Nationen anerkannt worden; denn mit ihrem Eintritt haben sie nicht nur die Satzung der Vereinten Nationen, sondern gleichzeitig auch das einen Bestandteil dieser Satzung bildende Statut des IGH[208] und damit auch seinen Art. 38 als für sich verbindlich anerkannt.

2. Bestehen eines allgemeinen Rechtsgrundsatzes, aus dem sich ein Zugangsrecht der Westmächte gegenüber der Sowjetunion ableiten läßt

Bevor nun die weitere Frage beantwortet werden kann, ob ein „allgemeiner Rechtsgrundsatz" besteht, aus dem sich ein Zugangsrecht der Westmächte nach Berlin ableiten läßt, muß kurz auf die Rechtsnatur der „von den zivilisierten Staaten anerkannten allgemeinen Rechtsgrundsätze" eingegangen werden.

a) Rechtsnatur der allgemeinen Rechtsgrundsätze

In diesem Zusammenhang erhebt sich zunächst die Frage, ob unter den in Art. 38 I c des Statuts des IGH genannten Rechtsgrundsätzen *aus dem*

---

[203] Ebenso *Berber*, Bd. I, S. 66; *Härle*, Les principes généraux de droit et le droit des gens, in: Revue de Droit International et de Législation Comparée, 1935, S. 687.

[204] Der IGH wurde im Jahre 1946 auf Grund der Charta der Vereinten Nationen gebildet. Nach Art. 92 der Satzung der Vereinten Nationen (SVN) ist er das Hauptgerichtsorgan der Organisation der Vereinten Nationen. Er erfüllt seine Aufgaben entsprechend dem einen Bestandteil der SVN bildenden Gerichtsstatut, das im wesentlichen dem des StIG entspricht.

[205] Hervorhebung durch den Verfasser.

[206] Text des Statuts des IGH, in: Die Charta der Vereinten Nationen mit Nebenbestimmungen, begr. von *Schätzel*, 3. Aufl. 1964.

[207] *Verdross*, VR, 5. Aufl. 1964, S. 149.

[208] *Dahm*, Bd. II, S. 472.

Völkerrecht[209] oder *aus dem innerstaatlichen Recht*[210] abgeleitete Grundsätze zu verstehen sind.

Die Tatsache, daß sowohl die Staatenpraxis als auch ihr folgend Art. 38 I c des Statuts des StIG und des IGH ausdrücklich außer auf Vertrag und Gewohnheitsrecht auch auf „die von den zivilisierten Staaten anerkannten allgemeinen Rechtsgrundsätze" Bezug nehmen, läßt nur die Deutung zu, daß es sich hier um aus dem *innerstaatlichen Recht* abgeleitete Grundsätze handelt; denn wären die „allgemeinen Rechtsgrundsätze" aus dem Völkerrecht gewonnene Grundsätze, so wären diese ihrerseits wieder als Völkergewohnheitsrecht zu qualifizieren, so daß sich ihre Erwähnung in Art. 38 I c des Statuts des StIG und des IGH erübrigt hätte[211].

Zu beachten ist weiter, daß Art. 38 I c von Rechts*grundsätzen* spricht, d. h. daß nicht innerstaatliche Rechtssätze, sondern nur von diesen abgeleitete Grundsätze ins Völkerrecht übernommen werden können[212].

Diese aus dem innerstaatlichen Recht gewonnenen Grundsätze müssen gem. Art. 38 I c weiter *allgemeiner* Natur sein, d. h. sie müssen in den Hauptrechtssystemen der Welt anerkannt sein[213] und sie müssen endlich einen dem im Völkerrecht zu lösenden Fall vergleichbaren Fall regeln, müssen sich also analog auf das Völkerrecht anwenden lassen[214]. Die zuletzt genannte Voraussetzung für die Anwendung der „allgemeinen Rechtsgrundsätze" als Völkerrechtsquelle ist in Art. 38 I c des Statuts des IGH als selbstverständlich unerwähnt geblieben.

„Die von den zivilisierten Staaten anerkannten allgemeinen Rechtsgrundsätze" lassen sich also als die in den Hauptrechtssystemen der Welt anerkannten Rechtsgrundsätze, die sich im Wege der Analogie auf das Völkerrecht übertragen lassen, definieren.

---

[209] So etwa *Möller*, International law in peace and war, Bd. I, 1931, S. 40; *Korovin*, in: Völkerrecht. Hrsg. von der Akademie der Wissenschaften der UdSSR, 1960, S. 6; *Ruck*, Grundsätze im Völkerrecht, 1946, S. 9.

[210] So *Berber*, Bd. I, S. 69; *Verdross*, VR, 5. Aufl. 1964, S. 147 f.; *Seidl-Hohenveldern*, VR, 1965, S. 91; *Habicht*, The power of the international judge to give a decision „ex aequo et bono", 1935, S. 7 ff.

[211] *Berber*, Bd. I, S. 69; *Seidl-Hohenveldern*, a.a.O., S. 91.

[212] *Berber*, Bd. I, S. 69; *Verdross*, VR, 5. Aufl. 1964, S. 148; *Ripert*, Les règles du droit civil applicables aux rapports internationaux, in: Recueil des Cours, 1933, II, S. 82; *Härle*, Die allgemeinen Entscheidungsgrundlagen des StIG, 1933, S. 302.

[213] *Berber*, Bd. I, S. 69; *Mann*, Reflection on a Commercial Law of Nations, in: British Yearbook of International Law, 1957, S. 39; *Seidl-Hohenveldern*, VR, 1965, S. 93; *Gutteridge*, Comparative Law, 1946, S. 65; *Härle*, a.a.O., S. 302.

[214] *Verdross*, VR, 5. Aufl. 1964, S. 148; *Berber*, Bd. I, S. 70; *Oppenheim-Lauterpacht*, International Law, Bd. I, 8. Aufl. 1955, S. 27; *Brierly*, The Law of Nations, 1949, S. 63; *Politis*, Le problème des limitations de la souveraineté, in: Recueil des Cours, 1925, Bd. I, S. 91.

b) Notwegrecht als von den zivilisierten Staaten anerkannter allgemeiner Rechtsgrundsatz

Läßt sich nun das Zugangsrecht der Westmächte gegenüber der Sowjetunion auf einen derartigen, „von den zivilisierten Staaten anerkannten allgemeinen Rechtsgrundsatz" stützen? Das wäre der Fall, wenn sich in den Hauptrechtssystemen der Welt übereinstimmend ein Rechtssatz nachweisen ließe, der als Ausdruck eines allgemeinen Grundsatzes ein dem Problem des Zugangsrechts der Westmächte nach Berlin analoges Problem im innerstaatlichen Recht regelt.

Als ein im deutschen Recht enthaltener derartiger Rechtssatz bietet sich § 917 BGB an, der dem Eigentümer eines Grundstücks, dem „die zur ordnungsmäßigen Benutzung notwendige Verbindung mit einem öffentlichen Wege" fehlt, „zur Herstellung der erforderlichen Verbindung" einen sogenannten Notweg über die sein Grundstück vom öffentlichen Verkehr trennenden Grundstücke einräumt.

Eine rechtsvergleichende Untersuchung darüber, ob diese Regelung Ausdruck eines von „den zivilisierten Staaten anerkannten allgemeinen Rechtsgrundsatzes" ist, ergibt folgendes Bild[215]:

In dem auf dem *römischen Recht beruhenden Rechtskreis* ist ein Notwegrecht allgemein anerkannt. Schon in seiner ursprünglichen bis heute nur unwesentlich veränderten Fassung bestimmte Art. 682 des Code Napoléon von 1804:

> „Le propriétaire dont les fonds sont enclavés et qui n'a aucune issue sur la voie publique, peut réclamer un passage sur les fonds de ses voisins pour l'exploitation de son héritage, à la charge d'une indemnité proportionnée au dommage qu'il peut occasionner[216]."

Diese Vorschrift wurde zum Vorbild der entsprechenden Regelung der meisten dem römisch-rechtlichen Rechtskreis angehörenden Staaten. Lediglich hinsichtlich der rechtlichen Konstruktion des Notwegrechts wurden in den innerstaatlichen Rechtsordnungen verschiedene Wege eingeschlagen. Während Argentinien, Belgien, Bolivien, Chile, Columbien,

---

[215] Im folgenden wird, was die rechtsvergleichenden Betrachtungen über die Existenz eines Notwegrechts in den Hauptrechtssystemen der Welt betrifft, dem diese Frage betreffenden Rechtsgutachten von Prof. Max Rheinstein von der Universität Chikago gefolgt. (Vgl. I.C.J. Pleadings, 1960, Case concerning Right of Passage over Indian Territory [Portugal v. India], Bd. I, S. 714—727). Prof. Rheinstein erstellte dieses Gutachten im Auftrage der portugiesischen Regierung anläßlich des vor dem IGH ausgetragenen Rechtsstreits betreffend das Zugangsrecht Portugals zu seinen auf indischem Gebiet gelegenen Exklaven Dadra und Nagar Aveli.

[216] Zitiert nach *Rheinstein*, a.a.O., S. 715.

Kuba, Ecuador, El Salvador, Guatemala, Haiti, Italien, Louisiana, Mexico, Nikaragua, Paraguay, Peru, die Philippinen, Portugal, Puerto Rico, Quebec, Spanien und Uruguay[217] die im französischen Recht enthaltene Konstruktion einer gesetzlich begründeten Grunddienstbarkeit übernommen haben[218], wird das Notwegrecht in den Zivilgesetzbüchern von China, Costa Rica, Deutschland, Griechenland, der Schweiz und der Türkei[219] als ein Bestandteil des Eigentums an dem eingeschlossenen Grundstück, in der Gesetzgebung Ägyptens, Japans, Koreas und Venezuelas[220] dagegen als eine Inhaltsbeschränkung des Eigentums an dem einschließenden Grundstück angesehen[221]. In der Gesetzgebung der Niederlande und Brasiliens wiederum wird die Gewährung eines Notweges als eine der sich aus dem Nachbarschaftsverhältnis von Grundstückseigentümern ergebenden Pflichten angesehen[222]. In Dänemark, Norwegen, Österreich und Schweden endlich, wo das Notwegrecht nicht in Zivilgesetzbüchern geregelt ist, hat es in besonderen Straßengesetzen eine Regelung gefunden[223].

Auch im *anglo-amerikanischen Rechtskreis* ist das Notwegrecht allgemein anerkannt[224]. Es wird dort als eine Grunddienstbarkeit aufgefaßt. Diese kann sich nach alter anglo-amerikanischer Rechtsüberlieferung außer aus Vertrag auch aus lange währender Übung oder aus Gründen der Notwendigkeit ergeben[225].

Sowohl nach englischem[226] als auch nach amerikanischem[227] Recht wird eine Notwendigkeit zur Einräumung eines Notwegrechts nur bejaht, wenn auf Grund einer Grundstücksteilung ein Stück Land vom öffentlichen Verkehr abgeschnitten wird. Da jedoch eine Grundstücksteilung fast immer die Ursache für die Blockierung eines Grundstücks ist, fällt diese Einschränkung praktisch nicht ins Gewicht.

Diese Grundsätze zum Notwegrecht werden außer in England und in den Vereinigten Staaten auch in Australien, Burma, Ghana, Indien,

---

[217] Eine Zusammenstellung der das Notwegrecht regelnden Gesetzestexte der aufgezählten Staaten findet sich bei *Rheinstein*, a.a.O., S. 728—739.

[218] *Rheinstein*, a.a.O., S. 715 f.

[219] Zu den Gesetzestexten siehe *Rheinstein*, a.a.O., S. 740—743.

[220] Zu den Gesetzestexten siehe *Rheinstein*, a.a.O., S. 744—746 (das japanische Zivilgesetzbuch gilt auch in Korea).

[221] *Rheinstein*, a.a.O., S. 716 f.

[222] *Rheinstein*, a.a.O., S. 717 und zu den Gesetzestexten S. 747 f.

[223] *Rheinstein*, a.a.O., S. 717 und zu den Gesetzestexten S. 749—751.

[224] *Rheinstein*, a.a.O., S. 717—725.

[225] *Rheinstein*, a.a.O., S. 718 f. mit Quellenangaben.

[226] Eine Zusammenstellung von Fällen siehe bei *Gale*, A Treatise on the Law of Casements, 12. Aufl. 1950, S. 158 ff. (zitiert nach *Rheinstein*, a.a.O., S. 719, Anm. 16 und 23).

[227] Eine Zusammenstellung von Fällen siehe bei *Powell*, The Law of Real Property, 1956, S. 414 ff. (zitiert nach *Rheinstein*, a.a.O., S. 719, Anm. 23 und 21).

Irland, Israel, Kanada (außer Quebec), Neu Seeland, Nord-Irland, Nord Rhodesien, Pakistan und Schottland vertreten[228].

Gesetzliche Bestimmungen über das Notwegrecht finden sich auch in den zum *kommunistischen Rechtskreis* gehörenden Staaten, wie z. B. in Bulgarien, der Tschechoslowakei, Polen und Jugoslawien[229]. Auch in der sowjetisch besetzten Zone Deutschlands ist der das Notwegrecht regelnde § 917 BGB noch in Kraft[230]. In der Sowjetunion dagegen enthalten weder das zivile Gesetzbuch der Russischen Sozialastischen Föderativen Sowjetrepublik (RSFS) von 1922 noch die Zivilgesetzbücher der anderen Sozialistischen Sowjet-Republiken eine derartige Bestimmung. Dennoch ist auch in der Sowjetunion das Notwegrecht im Grundsatz anerkannt. Das ergibt sich aus einem Urteil des Obersten Gerichtshofes der RSFS, wo es heißt, daß

„the lessee of a piece of land was not entitled, without good reason, to refuse to allow another to enter upon and pass over his land, where the latter had an urgent need to do so"[231].

Endlich ist auch dem *islamischen Rechtskreis* das Notwegrecht keineswegs unbekannt[232].

In einigen islamischen Ländern, wie z. B. in Saudi-Arabien und im Yemen, ist auch heute noch das heilige Recht des Koran die Grundlage des gesamten Rechtssystems. Aber auch in den anderen zu diesem Rechtskreis zählenden Ländern, die durch das westliche Recht bereits stärker beeinflußt sind, ist das mohammedanische Recht noch von großer Bedeutung[233]. Nach diesem Recht folgt aus dem Grundsatz vom Verbot des Rechtsmißbrauchs für benachbarte Grundstückseigentümer die Verpflichtung zur Rücksichtnahme auf ihre gegenseitigen Bedürfnisse und damit unter Umständen auch die Verpflichtung zur Einräumung eines Notweges[234]. Es kann daher festgestellt werden, daß jedenfalls in dem dem islamischen Rechtssystem zugrunde liegenden mohammedanischen Recht das Notwegrecht ebenfalls anerkannt ist.

---

[228] Vgl. dazu *Rheinstein*, a.a.O., S. 722 ff.

[229] Zu den Gesetzestexten siehe *Rheinstein*, a.a.O., S. 752.

[230] Siehe Deutsches Institut für Rechtswissenschaft, Das Zivilrecht der Deutschen Demokratischen Republik. Sachenrecht (1956), S. 158 (zitiert nach *Rheinstein*, a.a.O., S. 725, Anm. 41).

[231] RSFS. Oberster Gerichtshof, Abt. Zivilrecht, 1925. Gutachten Nr. 254, Fall Nr. 34478 (zitiert nach *Rheinstein*, a.a.O., S. 726, Anm. 43).

[232] Siehe dazu *Rheinstein*, a.a.O., S. 726 f.

[233] *Rheinstein*, a.a.O., S. 726.

[234] Dazu siehe auch: *Milliot*, Introduction à l'étude du droit musulman, 1953, S. 612; *Charles*, Le droit musulman, 1956, S. 78 (zitiert nach *Rheinstein*, a.a.O., S. 727, Anm. 45).

Das Notwegrecht ist also ein in den Hauptrechtssystemen der Welt — und damit auch ein von den „zivilisierten Staaten" im Sinne des Art. 38 I c des Statuts des IGH — anerkanntes Recht. Die insoweit festgestellte nahezu vollständige Übereinstimmung der innerstaatlichen Rechtsordnungen sowie die Tatsache, daß es nicht eine einzige Rechtsordnung gibt, die das Bestehen eines Notwegrechts ausdrücklich verneint, läßt eine nur zufällige Übereinstimmung der das Notwegrecht betreffenden Regelungen als ausgeschlossen erscheinen.

Das Notwegrecht ist vielmehr Ausdruck allgemein menschlicher Vorstellungen von Gerechtigkeit und sozialem Gemeinschaftsverhalten und kann daher als ein „von den zivilisierten Staaten anerkannter allgemeiner Rechtsgrundsatz" bezeichnet werden[235].

c) Analoge Anwendung des allgemeinen Rechstgrundsatzes über das Notwegrecht auf die Berlinsituation

Wie bereits ausgeführt genügt es für die Übernahme eines innerstaatlichen Grundsatzes in das Völkerrecht nicht, daß er in den Hauptrechtssystemen der Welt anerkannt ist. Er muß vielmehr darüber hinaus einen dem im Völkerrecht zu lösenden vergleichbaren Fall regeln[236].

Gegen eine entsprechende Anwendung des Notwegrechts auf die Berlinsituation könnte eingewendet werden, daß sich das Eigentum eines Privatmannes an einem Grundstück nicht mit dem Besatzungsrecht der Westmächte in Berlin (West)[237] vergleichen lasse. Diese Argumentation geht jedoch am Kern des Problems vorbei. Es geht nicht darum, ob sich das Eigentum des eingeschlossenen Grundstückseigentümers mit dem Besatzungsrecht der Westmächte in Berlin (West) vergleichen läßt, sondern darum, ob sich das im innerstaatlichen Recht durch das Notwegrecht gelöste Zugangsproblem zwischen zwei Grundstückseigentümern mit dem zwischen den Westmächten und der Sowjetunion bestehenden Zugangsproblem betreffend den Zugang der Westmächte zu ihren Berliner Besatzungssektoren vergleichen läßt[238]. Ein darüber angestellter Ver-

---

[235] Ebenso *Rheinstein*, a.a.O., S. 714; *Krenz*, International Enclaves and Rights of Passage, 1961, S. 162.

[236] Vgl. oben S. 49.

[237] *Daß* den Westmächten Besatzungsrechte in Berlin (West) zustehen, wird auch von der Sowjetunion nicht bestritten. Diese Rechte würden allerdings nach Auffassung der Sowjetunion mit Abschluß eines „Friedensvertrages" zwischen ihr und der „DDR" erlöschen (vgl. dazu: Pressekonferenz Chruschtschows vom 19. 3. 1959, in: *Meissner*, Dokumente zur Pariser Gipfelkonferenz, Bd. I, S. 729; Memorandum der Sowjetunion vom 4. 6. 1961, in: DzB, Dok. Nr. 279; Note der Sowjetunion an die USA vom 3. 8. 1961, in: DzB, Dok. Nr. 284).

[238] Vgl. dazu die vergleichbare Argumentation der Regierung Portugals in dem das Zugangsrecht zu seinen auf indischem Gebiet gelegenen Exklaven betreffenden Rechtsstreit vor dem IGH, in: I.C.J. Pleadings, 1960, Case concerning Right of Passage over Indian Territory (Portugal v. India), Bd. II, S. 545 f.

gleich zeigt aber, daß hier eine unverkennbare Ähnlichkeit der Problematik besteht: Ebenso wie das Zugangsproblem zwischen den beiden Grundstückseigentümern im Privatrecht darauf beruht, daß das eine Grundstück durch das andere nach außen abgeschlossen ist, ergibt es sich entsprechend zwischen den Westmächten und der Sowjetunion daraus, daß die westlichen Besatzungssektoren Berlins von der Umwelt durch sowjetisches Besatzungsgebiet abgeschlossen sind; wie im Privatrecht der Eigentümer des abgeschlossenen Grundstücks von dem Eigentümer des abschließenden Grundstücks einen über dessen Grundstück führenden Zugang zu den *öffentlichen* Verkehrswegen begehrt, so beanspruchen die Westmächte gegenüber der Sowjetunion einen durch die SBZ führenden Zugang von ihrer Besatzungsenklave Berlin (West) zum *öffentlichen* Weltverkehr; und wie endlich die Verweigerung eines Zugangsrechts zugunsten des abgeschlossenen Grundstückseigentümers diesem die wirtschaftliche Nutzung als die wesentliche Funktion seines Eigentums verwehren würde, so würde die Nichtanerkennung eines Zugangsrechts zugunsten der Westmächte nach Berlin diesen die Ausübung der Besatzungsgewalt als der wesentlichen Funktion ihres Besatzungsrechts in Berlin unmöglich machen.

Diese im wesentlichen gleichgelagerte Zugangsproblematik läßt eine entsprechende Anwendung des Notwegrechts auf den Zugang der Westmächte zu ihren innerhalb der sowjetischen Besatzungszone gelegenen Berliner Besatzungssektoren gerechtfertigt erscheinen[239].

Zwar wird sich das in den innerstaatlichen Rechtsordnungen zur Ermöglichung der wirtschaftlichen Nutzung des vom öffentlichen Verkehr abgeschlossenen Grundstücks eingeräumte Notwegrecht schon wegen der dort herrschenden Gegebenheiten — geringe zu überbrückende Entfernungen, kleine Grundstücksflächen, relativ geringe Mittel der Grundstückseigentümer — in der Regel nicht auf den Luftverkehr erstrecken. Jedoch muß eine *entsprechende* Anwendung des in dem innerstaatlichen Notwegrecht zum Ausdruck gekommenen allgemeinen Rechtsgrundsatzes auf das Völkerrecht die zwischenstaatlichen Verhältnisse berücksichtigen. So natürlich sich der Verkehr zu und von einem privaten Grundstück zu Fuß, mit dem Fahrrad oder mit dem Kraftfahrzeug abspielt, so selbstverständlich wird der zwischenstaatliche Verkehr durch den Straßen-, Eisenbahn- und *Luftverkehr* abgewickelt. Aus der entsprechenden Anwendung des in dem Notwegrecht zum Ausdruck gekommenen allgemeinen Rechtsgedankens auf den Zugang der Westmächte nach Berlin ergibt sich daher gegenüber der Sowjetunion auch das Recht zur Durchführung eines Luftverkehrs nach Berlin.

---

[239] Ebenso, wenn auch ohne Begründung, *Kreutzer,* West-Berlin — Stadt und Land, in: Berlin — Brennpunkt deutschen Schicksals, S. 59; *Riklin,* Berlinproblem, S. 265.

IV. Ergebnis

Zusammenfassend läßt sich folgendes sagen:

Das durch das Londoner Protokoll vom 12. 9. 1944 begründete und durch die Viermächtevereinbarungen über den Luftverkehr bestätigte Zugangsrecht der Westmächte auf dem Luftweg nach Berlin gegenüber der Sowjetunion besteht bis heute fort.

Aber auch wenn die vertragliche Rechtsgrundlage des Zugangsrechts in der Vergangenheit weggefallen wäre oder in der Zukunft wegfiele, würde das Zugangsrecht der Westmächte auf dem Luftweg nach Berlin gewohnheitsrechtlich fortbestehen.

Endlich würde das Zugangsrecht der Westmächte auch unabhängig sowohl von der vertraglichen als auch der gewohnheitsrechtlichen Rechtsgrundlage auf Grund des von den zivilisierten Staaten anerkannten allgemeinen Rechtsgrundsatzes über das Notwegrecht fortbestehen.

D. Der Inhalt des Zugangsrechts der Westmächte auf dem Luftweg nach Berlin gegenüber der Sowjetunion

Der Inhalt des durch das Londoner Protokoll vom 12. 9. 1944[240] begründeten Rechts der Westmächte gegenüber der Sowjetunion auf Durchführung eines Luftverkehrs nach Berlin ergibt sich aus dem Luftkorridorabkommen vom 30. 11. 1945[241] und dem Abkommen über die „Flugvorschriften für Flugzeuge, die die Luftkorridore in Deutschland und die Kontrollzone Berlin befliegen" vom 18. 12. 1945 in seiner 2. revidierten Fassung vom 22. 10. 1946[242].

I. Beschränkung des Luftverkehrs der Westmächte nach Berlin auf bestimmte Lufträume

Zu keiner Zeit war der Luftverkehr der Westmächte nach Berlin in dem Sinne „frei", daß er über beliebige Flugstrecken abgewickelt werden konnte.

In den ersten Monaten der Besetzung Berlins führten die Westmächte ihren Luftverkehr nach Berlin auf der Grundlage der auf der Berliner Konferenz vom 29. 6. 1945 getroffenen Vereinbarungen[243] durch. Später

---

[240] Vgl. oben S. 28 ff.
[241] DzB, Dok. Nr. 34 in Verbindung mit Dok. Nr. 33; englisch in: Documents Regarding Air Access to Berlin, US-State Department, Press Release, 8. 9. 61; vgl. Dok.-Anhang, Dok. Nr. 3 i. V. m. Nr. 1 und 2.
[242] DzB, Dok. Nr. 37; englisch in: Documents regarding Air Access to Berlin, US-State Department, Press Release, 8. 9. 61; vgl. Dok.-Anhang, Dok. Nr. 4.
[243] Vgl. oben S. 16.

wurde diese Regelung durch das Luftkorridorabkommen und das Abkommen über die Flugvorschriften ersetzt.

Durch das Luftkorridorabkommen wurde der Luftverkehr zwischen Westdeutschland und Berlin auf drei Luftkorridore mit der Streckenführung Berlin—Hamburg, Berlin—Bückeburg und Berlin—Frankfurt/Main beschränkt. Das Abkommen über die Flugvorschriften legte u. a. die Grenzen der Luftkorridore und der durch dieses Abkommen geschaffenen Kontrollzone Berlin[244] fest. Dazu heißt es in Abschnitt I, Ziffer 2 des Abkommens:

> „Jeder der obigen Korridore ist 20 englische Meilen (32 km) breit, d. h. 10 Meilen (16 km) auf jeder Seite der Mittellinie."

In Abschnitt I, Ziffer 3 a heißt es:

> „Die Kontrollzone Berlin wird definiert als der Luftraum zwischen dem Boden und 10 000 Fuß (3000 m) Höhe innerhalb eines Radius von 20 Meilen (32 km) vom Alliierten Kontrollratsgebäude, in dem sich die Luftsicherheitszentrale Berlin (Berlin Air Safety Center, BASC) befindet."

Zur Einhaltung bestimmter Flughöhen schreibt das Abkommen im übrigen nur eine sowohl für die Kontrollzone als auch für die Luftkorridore geltende Mindestflughöhe von 1000 Fuß (300 m) vor, die außer beim Starten und Landen nicht unterschritten werden soll[245]. Eine Höhenbegrenzung für Flüge in den Luftkorridoren zwischen Westdeutschland und Berlin ist demnach vertraglich *nicht* vorgesehen.

Dennoch erhob die Sowjetunion gegen den Flug einer amerikanischen Transportmaschine, die am 27. März 1959 in etwa 7000 m Höhe durch den Luftkorridor Frankfurt—Berlin flog, bei der Regierung der Vereinigten Staaten Protest wegen „grobe(r) Verletzung der auf dieser Route bestehenden Flugordnung"[246]. In der Protestnote wurde behauptet, das betreffende amerikanische Flugzeug habe höchstens in einer Höhe von 3050 m fliegen dürfen, da das „die größte den Westmächten in den Luftkorridoren erlaubte Flughöhe" sei.

Auch der Sowjetunion dürfte bekannt gewesen sein, daß sich aus den interalliierten Verträgen über den Luftverkehr nach Berlin keine Höhen-

---

[244] Zur Luftkontrollzone Berlin und zu den Luftkorridoren nach Westdeutschland vgl. die Karte auf S. 107.

[245] Abschnitt II, Ziff. 16a und Abschnitt IV, Ziff. 40 des Abkommens über die Flugvorschriften, Text in: DzB, Dok. Nr. 37; englisch in: Documents regarding Air Access to Berlin, US-State Department, Press Release, 8. 9. 61; vgl. Dok.-Anhang, Dok. Nr. 4.

[246] Note vom 4. 4. 1959, Text in: DzB, Dok. Nr. 286; russisch in: „Prawda" vom 6. 4. 1959.

begrenzung der Luftkorridore ergibt. Es ist daher möglich, daß die Sowjetunion mit dem in ihrer Protestnote enthaltenen Hinweis auf die in den Luftkorridoren „bestehende Flugordnung" ihre Auffassung zum Ausdruck bringen wollte, das Recht der Westmächte, die Korridore in beliebiger Höhe zu durchfliegen, sei durch Untätigkeit erloschen.

Tatsächlich flogen die Westmächte in den knapp 14 Jahren von der Aufnahme ihres Luftverkehrs nach Berlin im Jahre 1945 bis zu dem den sowjetischen Protest auslösenden Flug der amerikanischen Maschine im März 1959 nicht nur in der höhenmäßig auf 3000 m begrenzten Kontrollzone Berlin, sondern auch in den höhenmäßig unbegrenzten Luftkorridoren in aller Regel in Höhen unter 3000 m[247]. Es erhebt sich daher die Frage, ob das Recht der Westmächte, in den Korridoren in beliebigen Höhen zu fliegen, durch das Unterlassen der Geltendmachung dieses Rechtes während eines längeren Zeitraumes verjährt ist.

Die Möglichkeit der Verjährung von Rechten im Völkerrecht wird teilweise überhaupt verneint[248]. Aber auch da, wo diese Möglichkeit bejaht wird[249], ist kein Fall ersichtlich, in dem die Verjährung eines Rechts nach Ablauf von nur 14 Jahren angenommen worden ist. Die Staatenpraxis — soweit sie die Möglichkeit einer Verjährung von Rechten im Völkerrecht bejaht — geht vielmehr von Verjährungsfristen von mindestens 25 Jahren aus[250].

---

[247] Ob dies allerdings ausnahmslos der Fall war, ist keineswegs erwiesen. Es soll hier im folgenden aber einmal unterstellt werden.

[248] Vgl. etwa den Schiedsspruch des Ständigen Schiedshofes in dem zwischen den Vereinigten Staaten und Mexico streitigen „Pious Fund Case" (1902), in: *Scott*, The Hague Court Reports, Bd. I, 1916, S. 5 f.; *Anzilotti*, Corso di diritto internazionale, Bd. I, 3. Aufl., 1928, S. 302; *Pfluger*, Die einseitigen Rechtsgeschäfte im VR (1936), S. 195 und 274 f.; *Reuter*, Droit international public, 1958, S. 145.

[249] *Dahm*, Bd. III, S. 170; *Strupp-Schlochauer*, WbVR, Bd. I, 1960, S. 339; *Oppenheim-Lauterpacht*, Bd. I, 8. Aufl. 1955, § 155, c; *Berber*, Bd. III, S. 21; *Verdross*, VR, 5. Aufl. 1964, S. 413 f.; Entscheidung der britisch-griechischen Schiedskommission aus dem Jahre 1956 im Fall „Ambatielos", in: International Law Reports, 1956, S. 314 f. Vgl. auch die auf S. 57, Anm. 250 angegebenen Entscheidungen internationaler Gerichte.

[250] An Entscheidungen, in denen Verjährung angenommen worden ist, vgl. z. B. die Entscheidung der amerikanisch-venezolanischen Schiedskommission im Fall „Williams", in der ein Recht 26 Jahre nach seiner Entstehung geltend gemacht wurde (*Moore*, History and Digest of the International Arbitrations to which the United States have been a Party, Bd. 4, 1898, S. 4181); Entscheidung der gemischt amerikanisch-peruanischen Kommission aus dem Jahre 1863 im Falle „L. Brand", in dem ein Anspruch ebenfalls 26 Jahre nach seiner Entstehung erhoben wurde (*Lapradelle-Politis*, Recueil des arbitrages internationaux, II, 1856—1872, S. 269); Entscheidung der italienisch-venezolanischen Schiedskommission im Fall „Gentini", in dem ein Recht 32 Jahre nach seiner Entstehung geltend gemacht wurde (*Ralston*, Venezuelan Arbitrations of 1903 (1904), S. 725 f.); Entscheidung der amerikanisch-venezolanischen Schiedskommission im Fall „Spader", in dem ein Recht 43 Jahre nach seiner Entstehung geltend gemacht wurde (*Ralston*, a.a.O., S. 161).

Das Recht der Westmächte auf Durchführung höhenmäßig unbeschränkter Flüge in den Luftkorridoren nach Berlin war demnach im Jahre 1959 noch nicht verjährt[251]. Durch die in der amerikanischen Antwortnote vom 13. 4. 1959[252] enthaltene Feststellung, daß auch in Zukunft Flüge in Höhen von mehr als 3050 m durchgeführt würden, „wann immer das Wetter und die technischen Merkmale der Ausrüstung" (der Flugzeuge, d. Verf.) es erforderten, wurde die laufende Verjährungsfrist unterbrochen und eine neue in Gang gesetzt. Selbst wenn die Westmächte in den seit 1959 vergangenen 7 Jahren in den Luftkorridoren keine Flüge mehr über 3050 m Höhe durchgeführt haben sollten, wäre nach den obigen Ausführungen das Recht der Westmächte auf höhenmäßig unbeschränkte Flüge in den Korridoren innerhalb dieser kurzen Frist nicht verjährt.

Der Luftverkehr der Westmächte nach Berlin ist also auf die höhenmäßig *unbeschränkten* Luftkorridore Berlin—Hamburg, Berlin—Bückeburg, Berlin—Frankfurt/Main und auf die höhenmäßig auf 3000 m begrenzte Kontrollzone Berlin beschränkt.

II. Bindung des Luftverkehrs der Westmächte
nach Berlin an bestimmte Flugregeln

Bei der Durchführung ihres Luftverkehrs nach Berlin sind die Westmächte an das interalliierte Abkommen über die „Flugvorschriften für Flugzeuge, die die Luftkorridore in Deutschland und die Kontrollzone Berlin befliegen"[253], gebunden. In diesem Abkommen werden in Abschnitt I die drei nach Berlin führenden Luftkorridore und die Kontrollzone Berlin umschrieben[254], die Aufgaben der für die Flugsicherheit verantwortlichen Luftsicherheitszentrale Berlin festgelegt sowie allgemeine Vorschriften über den Anflug nach und den Abflug von Berlin und über das Kreuzen der Luftkorridore aufgestellt. Abschnitt II des Abkommens enthält „Allgemeine Flugvorschriften", in den Abschnitten III und IV sind die zu beachtenden „Sichtflugregeln" bzw. „Instrumentenflugregeln" dargestellt und Definitionen der in dem Abkommen verwendeten Begriffe enthalten.

---

[251] Ebenso *Riklin*, Zur Frage des Luftverkehrs zwischen Westdeutschland und Berlin, in: Moderne Welt, 3. Jg. (1961/62), S. 306.

[252] Text der Note in: DzB, Dok. Nr. 287; The Department of State Bulletin, Vol. XL, Nr. 1036 vom 4. Mai 1959, S. 632 f.

[253] Dieses aus dem Jahre 1945 stammende Abkommen in seiner 2. revidierten Fassung vom 22. 10. 1946 (vgl. oben S. 17) ist auch heute noch in Kraft (vgl. dazu oben S. 37, Anm. 148). Die darin enthaltenen Flugvorschriften (vgl. Dok.Anhang, Dok. Nr. 4) sind dem Anhang 2 (Rules of the air) zum Chicagoer Abkommen über die internationale Zivilluftfahrt vom 7. 12. 1944 nachgebildet.

[254] Vgl. oben S. 56; Karte auf S. 107.

Die Beschränkungen des Luftverkehrs, die sich aus diesen Flugvorschriften ergeben, sind rein technischer Art und entspringen nur dem Bedürfnis nach größtmöglicher Flugsicherheit[255].

Die alliierten Flugvorschriften für den Luftverkehr der Westmächte nach Berlin enthalten also keine Einschränkungen, denen nicht jeder andere Luftverkehr in ähnlicher Weise unterliegt.

III. Keine sonstigen Beschränkungen des Luftverkehrs der Westmächte nach Berlin

1. Keine Beschränkung des Luftverkehrs auf den für die Befriedigung der Besatzungsbedürfnisse der Westmächte in Berlin erforderlichen Verkehr

Im Mittelpunkt der Auseinandersetzungen zwischen den Westmächten und der Sowjetunion über den Inhalt des Zugangsrechts der Westmächte auf dem Luftweg nach Berlin steht die Frage nach der Zulässigkeit des von den Westmächten durchgeführten Zivilluftverkehrs.

Während die Sowjetunion der Auffassung ist, daß die Luftkorridore nur für den militärischen Bedarf der westlichen Streitkräfte in Berlin geschaffen worden sind[256], stehen die Westmächte auf dem Standpunkt, daß der Zugang auf dem Luftweg nach Berlin in den Luftkorridoren unbeschränkt ist, so daß auch Handelsgüter und nicht zu den Besatzungstruppen gehörende Personen in beliebigem Umfang auf diesem Wege von und nach Berlin transportiert werden dürfen[257].

Zur Klärung dieses Meinungsstreits bedarf es eines Zurückgehens auf die Entstehungsgeschichte des Luftkorridorabkommens vom 30. 11. 1945.

Im Herbst 1945 erörterte das Luftfahrtdirektorat die Vorschläge des Luftfahrtausschusses[258] für die Einrichtung eines Systems von Luftkorri-

---

[255] Vgl. Abschnitt I, Ziff. 1a der Flugvorschriften; vgl. Dok.-Anhang, Dok. Nr. 4.

[256] Vgl. dazu den Bericht der Militärgouverneure vom 7. September 1948 über die Berliner Besprechungen der vier Militärgouverneure (DzB, Dok. Nr. 61); vgl. auch die Noten der Sowjetunion an die Westmächte vom 23. August 1961 (DzB, Dok. Nr. 352, russisch in: „Prawda" vom 25. August 1961) und vom 2. September 1961 (DzB, Dok. 355, russisch in: „Prawda" vom 4. September 1961).

[257] Vgl. z. B. die Noten der Westmächte an die Sowjetunion vom 26. 8. 1961 (DzB, Dok. Nr. 353; englisch in: Selected Documents on Germany and the Question of Berlin 1944—1961, Commandpapers 1552, S. 474 ff.) und vom 8. 9. 1961 (DzB, Dok. Nr. 356; englisch in: The Department of State Bulletin, Bd. XLV, Nr. 1161, S. 511 ff.).

[258] Zum Luftfahrtausschuß vgl. oben S. 17, Anm. 13.

doren über dem besetzten Deutschland[259]. Dieser Vorschlag sah die Einrichtung von sechs Luftkorridoren von Berlin nach Hamburg, Bückeburg, Frankfurt/Main, Warschau, Prag und Kopenhagen vor, „die von Flugzeugen der vier alliierten Nationen bei voller Aktionsfreiheit benutzt werden" sollten[260]. Während die drei westlichen Vertreter im Luftfahrtdirektorat diesem Vorschlag zustimmten[261] — der britische Vertreter schlug noch einen siebenten Korridor von Bückeburg nach Prag vor —, erklärte der sowjetische Vertreter, die Luftkorridore nach Warschau, Prag und Kopenhagen sowie von Bückeburg nach Prag könnten nicht vom Luftfahrtdirektorat erörtert werden, da sie „Korridore für den gewöhnlichen zwischenstaatlichen Verkehr sind und *nicht mit der Sicherung der Bedürfnisse der Besatzungsstreitkräfte in Berlin*[262] zusammenhängen". Dagegen könne das Luftfahrtdirektorat den Koordinierungsausschuß um die Bestätigung der westlich Berlins gelegenen Korridore, „die notwendig sind, *um die Bedürfnisse der Besatzungstruppen in dem Gebiet Groß-Berlin zu versorgen*"[263], ersuchen[264].

Der daraufhin vom Luftfahrtdirektorat am 22. 11. 1945 an den Koordinierungsausschuß übermittelte Bericht über die Schaffung eines Systems von Luftkorridoren[265] wurde vom Koordinierungsausschuß auf seiner 23. Sitzung am 27. 11. 1945 gebilligt[266]. Gleichzeitig wurde beschlossen, dem Kontrollrat diesen Bericht

„zur Bestätigung *jenes Teiles* zu unterbreiten, *der sich mit den Luftkorridoren von Berlin nach dem Westen befaßt*"[266, 267].

---

[259] Vgl. dazu den Bericht des Luftfahrtdirektorats an den Koordinierungsausschuß vom 22. November 1945, Aktenzeichen CORC/P (45) 170, in: Selected Documents on Germany and the Question of Berlin 1944—1961, Commandpapers 1552, Dok. Nr. 16; Documents Regarding Air Access to Berlin, US-State Department, Press Release, 8. 9. 1961; DzB, Dok. Nr. 33; vgl. Dok.-Anhang, Dok. Nr. 1.

[260] Ziff. 3 des Berichts des Luftfahrtdirektorats, a.a.O., vgl. Dok.-Anhang, Dok. Nr. 1.

[261] Ziff. 4a—c des Berichts des Luftfahrtdirektorats, a.a.O., vgl. Dok.-Anhang, Dok. Nr. 1.

[262] Hervorhebung durch den Verfasser.

[263] Hervorhebung durch den Verfasser.

[264] Ziff. 4d des Berichts des Luftfahrtdirektorats, a.a.O.; vgl. Dok.-Anhang, Dok. Nr. 1.

[265] Vgl. oben Anm. 259; vgl. Dok.-Anhang, Dok. Nr. 1.

[266] CORC/M (45) 23, Schriftstück 309 (Selected Documents on Germany and the Question of Berlin 1944—1961, Commandpapers 1552, Dok. Nr. 16, S. 63; Documents regarding Air Access to Berlin, US-State Department, Press Release, 8. 9. 61; *Hillgruber*, Berlin, Dokumente 1944—1961, Dokument Nr. 110, Ziff. 5; vgl. Dok.-Anhang, Dok. Nr. 2.

[267] Hervorhebung durch den Verfasser.

„Jener Teil" ist in Ziffer 6 Abs. 1 und 2 des Berichts enthalten, in dem das Luftfahrtdirektorat den Koordinierungsausschuß ersucht:

„(1) Die Vorschläge zur Schaffung von Luftkorridoren westlich Berlins, nämlich: Berlin—Hamburg, Berlin—Bückeburg, Berlin—Frankfurt/Main — wobei jeder 20 englische Meilen breit sein soll — zu bestätigen. Flüge über diese Strecken (Korridore) sollen durch Luftfahrzeuge der Deutschland regierenden Nationen durchgeführt werden, ohne daß vorher eine Benachrichtigung ergeht.

(2) Das Luftfahrtdirektorat anzuweisen, daß es Flugvorschriften und die Mittel zur Flugsicherung entlang der in Absatz 1 oben angegebenen Korridore zusammenstellt[268]."

Dieser Teil des Berichts wurde vom Kontrollrat auf seiner 13. Sitzung am 30. 11. 1945 gebilligt (Luftkorridorabkommen)[269]. Aus diesem Sachverhalt ergibt sich zweifelsfrei das Recht der Westmächte auf einen unbeschränkten Luftverkehr in den Luftkorridoren, soweit es sich um die Befriedigung ihrer Besatzungsbedürfnisse in Berlin handelt[270].

Ob sich darüber hinaus aus dem Luftkorridorabkommen vom 30. 11. 1945 auch ein Recht der Westmächte auf Durchführung eines unbeschränkten *Zivilluftverkehrs* in den Korridoren nach Berlin ergibt, erscheint dagegen nicht so eindeutig.

Bei der Erörterung der Frage der Schaffung von Luftkorridoren über Deutschland im Luftfahrtdirektorat brachte der sowjetische Vertreter klar zum Ausdruck, daß nach sowjetischer Auffassung den Westmächten die Luftkorridore nur für den der Versorgung ihrer Besatzungstruppen in Berlin dienenden Luftverkehr zur Verfügung stehen sollten[271].

Dieser von dem sowjetischen Vertreter geforderten Einschränkung der Zugangsfreiheit der Westmächte auf dem Luftweg nach Berlin stimmten die westlichen Vertreter jedoch *nicht* zu.

---

[268] Zitiert nach: DzB, Dok. Nr. 33; vgl. auch Dok.-Anhang, Dok. Nr. 1.

[269] CONL/M (45) 13, Schriftstück 110 (a) (Documents regarding Air Access to Berlin, US-State Department, Press Realease, 8. 9. 61; Selected Documents on Germany and the Question of Berlin 1944—1961, Commandpapers 1552, Dok. Nr. 16, S. 64; DzB, Dok. Nr. 34 in Verbindung mit Dok. Nr. 33); vgl. Dok.-Anhang, Dok. Nr. 3 i. V. m. Dok. Nr. 1 und 2.
Die hier verschiedentlich zitierten Aktenzeichen der alliierten Kontrollbehörden bedeuten im einzelnen CONL für Kontrollrat, CORC für Koordinierungsausschuß, DAIR für Luftfahrtdirektorat (Air Directorate). P (Proposal) bedeutet Vorschlag, M (Minutes) bedeutet Protokoll der jeweiligen Sitzung. Aus der in Klammern gesetzten Ziffer ergibt sich die Jahreszahl. Die Schlußzahl kennzeichnet im Falle von „Proposals" die laufende Nummer, bei „Minutes" die Nummer der Sitzung (*Kuhn*, a.a.O., S. 466, Anm. 58).

[270] Das wird auch von der Sowjetunion zugegeben, vgl. dazu oben S. 59, Anm. 256.

[271] Vgl. oben S. 60.

Auch in dem vom Kontrollrat am 30. 11. 1945 getroffenen Luftkorridorabkommen ist von einer derartigen Einschränkung der Zugangsfreiheit
keine Rede[272].

Hieraus kann nur gefolgert werden, daß die Sowjetunion beim Abschluß des Luftkorridorabkommens auf ihre früher vorgebrachte Forderung nach einer Einschränkung der westlichen Zugangsfreiheit auf dem
Luftweg nach Berlin verzichtete und nunmehr ebenfalls der Auffassung
war, daß den Westmächten die Luftkorridore nach Berlin für einen *unbeschränkten* Luftverkehr zur Verfügung stehen sollten[273].

Für eine derartige Auslegung des Luftkorridorabkommens sprechen
neben der Tatsache, daß das Abkommen keine Einschränkungen der
westlichen Zugangsfreiheit nach Berlin enthält, auch offizielle sowjetische Stellungnahmen aus den Jahren 1946/47:

Im März 1946 schlug der amerikanische Vertreter im Koordinierungsausschuß zum Zwecke der Intensivierung und wirtschaftlicheren Abwicklung der Handelsluftfahrt eine Reihe zusätzlicher Luftkorridore über
Deutschland vor[274]. Auf der 29. Sitzung der Luftfahrtdirektorats vom
30. April 1946 wurde dieser Vorschlag erörtert. Die drei westlichen Vertreter stimmten der Errichtung zusätzlicher Korridore für den kommer-
ziellen Luftverkehr zu, während der sowjetische Vertreter seine Ablehnung folgendermaßen begründete:

„Die sowjetische Delegation ist der Meinung, daß das vorhandene
System der Luftwege durch die sowjetische Besatzungszone Deutschlands voll ausreicht, nicht nur um die Bedürfnisse der alliierten Truppen in dem Sektor Groß-Berlin zu befriedigen, *sondern auch um alle
alliierten Transportbedürfnisse für Handelsfrachten — ohne Rücksicht
auf ihren Umfang — erfolgreich zu erfüllen*[275, 276]."

Hier wurde also nur fünf Monate nach Abschluß des Luftkorridorabkommens von der Sowjetunion das Recht der Westmächte, in den Luft-

---

[272] Vgl. oben S. 61.

[273] Ebenso die Note der drei Westmächte an die Sowjetunion vom 27. 9. 1948
über die Anrufung des Sicherheitsrates in der Berliner Frage (DzB, Dok.
Nr. 67; englisch in: Documents on International Affairs 1947—1948, London -
New York - Toronto 1952, S. 605 ff.); siehe auch *Legien*, Die Viermächtever-
einbarungen über Berlin, 2. Aufl. 1961, S. 37; *von der Gablentz*, Die Berlin-
Frage in ihrer weltpolitischen Verflechtung 1944—1961, S. 5.

[274] Memorandum des amerikanischen Mitglieds des Koordinierungsausschusses (CORC/P [46] 84) vom 6. März 1946 (DzB, Dok. Nr. 35; englisch in: Documents regarding Air Access to Berlin, US-State Department, Press Release,
8. 9. 61); vgl. Dok.-Anhang, Dok. Nr. 5.

[275] Auszug aus dem Sitzungsprotokoll DAIR/M (46) 11 (DzB, Dok. Nr. 36; englisch a.a.O.); vgl. Dok.-Anhang, Dok. Nr. 6.

[276] Hervorhebung durch den Verfasser.

korridoren nach Berlin auch kommerzielle Luftfahrt in unbeschränktem Umfange zu betreiben, ausdrücklich bestätigt. Meinungsverschiedenheiten bestanden nur über die Frage, ob die drei vorhandenen Luftkorridore nach Berlin für die Befriedigung der Transportbedürfnisse der Westmächte auf dem Gebiet der Zivilluftfahrt ausreichten oder nicht.

Daß die Sowjetunion bei Abschluß des Luftkorridorabkommens davon ausging, daß die Luftkorridore nach Berlin den Westmächten für einen *unbeschränkten* Luftverkehr und damit auch für den Zivilluftverkehr zur Verfügung stehen sollten, wird ferner durch einen Bericht des Alliierten Kontrollrats an den Außenministerrat aus dem Jahre 1947 bestätigt[277]. Wieder ging es um die Frage der Errichtung zusätzlicher Luftkorridore in Deutschland für den zivilen Luftverkehr. Da im Kontrollrat keine Einigung über die Abfassung des Berichts erzielt werden konnte, legten die Westmächte und die Sowjetunion getrennte Berichte vor. In dem sowjetischen Bericht vom 5. Februar 1947[278] heißt es unter Ziffer 2:

„Es wurde nach einer Vereinbarung der vier Nationen eine Entscheidung dahin erreicht, drei Luftkorridore zuzuteilen: Berlin—Hamburg, Berlin—Bückeburg, Berlin—Frankfurt/Main zu *unbeschränkten*[279] Flügen alliierter Flugzeuge über der sowjetischen Besatzungszone Deutschlands."

Unter Ziffer 3 des sowjetischen Berichts wurde ausgeführt, daß die Zulassung einer zivilen Luftfahrt *anderer Nationen als der vier Mächte* nach Berlin noch für verfrüht gehalten werde.

Auch hier ging die Sowjetunion also eindeutig von dem Recht der Westmächte aus, in den Luftkorridoren von und nach Berlin einen unbeschränkten auch den zivilen Verkehr umfassenden Luftverkehr durchzuführen.

Endlich spricht auch die Praxis im Luftverkehr nach Berlin, wie sie in den nahezu drei Jahren von dem Abschluß des Luftkorridorabkommens im November 1945 bis zu der im Herbst 1948 erstmals aufgestellten sowjetischen Behauptung von der Unzulässigkeit des Zivilluftverkehrs der Westmächte nach Berlin[280] gehandhabt wurde, für die hier vertretene

---

[277] Vgl. dazu Ziff. 10 des erläuternden Memorandums des amerikanischen Außenministeriums vom 8. 9. 1961 zur Frage der Luftkorridore nach Berlin (*Hillgruber*, Berlin. Dokumente 1944—1961, Dok. Nr. 110; englisch in: Documents regarding Air Access to Berlin, US-State Department, Press Release, 8. 9. 61).

[278] Documents regarding Air Access to Berlin, US-State Department, Press Release, 8. 9. 61; DzB, Dok. Nr. 38; vgl. Dok.-Anhang, Dok. Nr. 7.

[279] Hervorhebung durch den Verfasser.

[280] Vgl. den Bericht der westlichen Militärgouverneure vom 7. September 1948 über die Berliner Besprechungen der vier Militärgouverneure (DzB, Dok. Nr. 61); siehe auch das sowjetische Memorandum vom 18. September 1948 (*Siegler*, Deutschlandfrage, I, S. 838 f.).

Auslegung des Luftkorridorabkommens: Hätte die Sowjetunion durch das Luftkorridorabkommen wirklich nur den für die Bedürfnisse der westlichen Garnisonen in Berlin erforderlichen Luftverkehr regeln wollen, so hätte sie nicht in den drei auf den Abschluß des Abkommens folgenden Jahren als Mitglied in der Berliner Luftsicherheitszentrale an der Leitung und Sicherung des zunächst durch Charterflüge und seit 1946 im regelmäßigen Liniendienst durchgeführten westlichen Zivilluftverkehrs[281] mitgewirkt, ohne jemals gegen diesen angeblich „unzulässigen" Luftverkehr Einspruch zu erheben.

Werden alle diese Umstände in Betracht gezogen, so ergibt sich, daß die Sowjetunion mit dem Abschluß des Luftkorridorabkommens im Jahre 1945 das Recht der Westmächte auf einen in jeder Hinsicht unbeschränkten Luftverkehr in den Luftkorridoren nach Berlin und damit auch das Recht auf Durchführung einer Zivilluftfahrt auf diesen Luftlinien anerkannt hat.

2. Keine Beschränkung des Luftverkehrs auf Flüge zwischen Westdeutschland und Berlin

Eine weitere den Inhalt des Zugangsrechts der Westmächte auf dem Luftweg nach Berlin betreffende Streitfrage ist die, ob den Westmächten das Recht zusteht, internationale Direktflüge von und nach Berlin, d. h. Flüge zwischen Berlin und dem Ausland ohne Zwischenlandung in Westdeutschland, durchzuführen.

Diese Streitfrage erhob sich, als die „Pan American World Airways" im Mai/Juni 1964 ihre Direktflüge New York—Berlin (West) aufnahm[282] und die Sowjetunion daraufhin den Westmächten das Recht auf Durchführung derartiger internationaler Direktflüge von und nach Berlin bestritt[283].

Wie bereits ausgeführt, sind die Westmächte zur Durchführung eines uneingeschränkten Luftverkehrs in den Korridoren nach Berlin berechtigt[284]. Wenn die Sowjetunion also schon in den durch ihre eigene Besatzungszone führenden Luftkorridoren nach Berlin den Westmächten keine Vorschriften machen kann, so ist sie schon gar nicht berechtigt, die *außerhalb* ihrer Besatzungszone gelegenen Start- bzw. Zielorte der Berlinflüge der Westmächte zu bestimmen.

---

[281] Vgl. oben S. 43.

[282] Vgl. dazu oben S. 25.

[283] Vgl. die sowjetische Protestnote vom 22. 6. 1964 („Der Tagesspiegel" vom 23. 6. 1964, S. 1).

[284] Vgl. dazu oben S. 59 ff.

Die Zulässigkeit sowohl der im planmäßigen Linienverkehr durchgeführten Direktflüge[285] Berlin—New York und Berlin—London als auch der insbesondere während der Sommermonate im Bedarfsverkehr durchgeführten Direktflüge in europäische Feriengebiete ergibt sich also aus dem Recht der Westmächte auf einen unbeschränkten Verkehr in den Luftkorridoren von und nach Berlin.

3. Freiheit des Luftverkehrs
von Kontrollen und Genehmigungen

Was endlich die verschiedentlich erhobene sowjetische Forderung nach Einführung einer Genehmigungspflicht[286] und von Kontrollen[287] für alle Berlinflüge der Westmächte betrifft, so ist auch insoweit auf die Zugangsfreiheit der Westmächte in den Korridoren nach Berlin zu verweisen.

Schon in dem Vorschlag des alliierten Luftfahrtausschusses zur Bildung eines Systems von Luftkorridoren in Deutschland war die Einrichtung von Korridoren vorgesehen,

„die von Flugzeugen der vier alliierten Nationen *bei voller Aktionsfreiheit*[288] benutzt werden"

sollten[289]. Auch in dem später auf Grund dieses Vorschlages vom Kontrollrat beschlossenen Luftkorridorabkommen heißt es:

„Flüge über diese Strecken (Korridore) sollen durch Luftfahrzeuge der Deutschland regierenden Nationen durchgeführt werden, *ohne daß vorher eine Benachrichtigung ergeht*[290, 291]."

Hieraus folgt, daß der westliche Luftverkehr in den Korridoren nach Berlin keiner Genehmigungspflicht unterliegt. Daran kann auch die Tatsache nichts ändern, daß alle Luftfahrzeuge, die aus der und in die Kontrollzone Berlin nach Instrumentenflugregeln fliegen[292], der vorherigen Freigabe des Luftweges durch die Vier-Mächte-Luftsicherheitszentrale

---

[285] Zu den nach Berlin (West) durchgeführten internationalen Direktflügen vgl. oben S. 25.

[286] Diese Forderung wurde von der Sowjetunion zuerst im April 1948 in Zusammenhang mit einem Flugunfall über dem Flugplatz Gatow erhoben (vgl. dazu oben S. 18 f.).

[287] Vgl. dazu die sowjetischen Noten vom 3. 10. 1948 (*Siegler*, Deutschlandfrage, I, S. 849) und vom 2. 9. 1961 (DzB, Dok. Nr. 355; russisch in: „Prawda" vom 4. 9. 1961).

[288] Hervorhebung durch den Verfasser.

[289] Vgl. oben S. 60.

[290] Vgl. oben S. 61.

[291] Hervorhebung durch den Verfasser.

[292] Das ist praktisch bei allen im Luftverkehr der Westmächte Berlin anfliegenden Maschinen der Fall.

Berlin bedürfen[293]; denn die Luftsicherheitszentrale darf die Lande-
beziehungsweise Starterlaubnis nur aus flugsicherungstechnischen Gründen verweigern, wie sich aus ihrem nur auf die Gewährleistung der
Flugsicherheit gerichteten Aufgabenkreis ergibt[294]. Eine besondere Genehmigungspflicht ist in diesem Verfahren nicht zu erblicken. Auch ein
Kontrollrecht über die in den Luftkorridoren von und nach Berlin flie-
genden Luftfahrzeuge der Westmächte steht der Sowjetunion nicht zu, da
eine solche Befugnis in dem den Westmächten das Recht auf einen uneingeschränkten Luftverkehr in den Korridoren nach Berlin einräumenden
Luftkorridorabkommen nicht vorgesehen ist.

IV. Ergebnis

Zusammenfassend kann folgendes festgestellt werden:

Die Westmächte sind berechtigt, innerhalb der durch das Luftkorridorabkommen und das Abkommen über die Flugvorschriften geschaffenen
höhenmäßig *unbegrenzten* Luftkorridore Berlin—Hamburg, Berlin—
Bückeburg, Berlin—Frankfurt/Main und der höhenmäßig auf 3000 m
begrenzten Luftkontrollzone um Berlin einen *uneingeschränkten* nur
flugtechnischen Regeln unterliegenden Luftverkehr nach Berlin durchzuführen.

Anderen als den genannten räumlichen Beschränkungen unterliegt der
Luftverkehr der Westmächte nach Berlin nicht: Die Westmächte sind also
insbesondere nicht nur zur Durchführung eines uneingeschränkten militärischen, sondern auch eines uneingeschränkten *zivilen* Luftverkehrs
nach Berlin berechtigt.

Ihr Luftverkehr ist an keine Genehmigungen gebunden und unterliegt
keinen Kontrollen.

Zur Durchführung internationaler Flüge von und nach Berlin sind
die Westmächte ebenso berechtigt wie zur Vornahme von Flügen zwischen Westdeutschland und Berlin.

---

[293] Abschnitt I, Ziff. 7 b und d des Abkommens über die Flugvorschriften in
der Fassung vom 22. 10. 1946 (DzB, Dok. Nr. 37); vgl. auch Dok.-Anhang, Dok.
Nr. 4.

[294] Vgl. Abschnitt I, Ziff. 4 a—j des Abkommens über die Flugvorschriften
(DzB, Dok. Nr. 37); vgl. auch Dok.-Anhang, Dok. Nr. 4.

Das Zugangsrecht der Westmächte
auf dem Luftweg nach Berlin gegenüber Deutschland

Neben der bisher erörterten Frage nach dem Zugangsrecht der Westmächte gegenüber der Sowjetunion als der Besatzungsmacht in Mitteldeutschland stellt sich die weitere Frage, ob den Westmächten ein Zugangsrecht auf dem Luftweg nach Berlin *auch gegenüber Deutschland*
zusteht, durch dessen Staatsgebiet die von den Westmächten im Berlinverkehr beflogenen Luftlinien führen.

Abschnitt 1

Die Rechtsgrundlage des Zugangsrechts
der Westmächte nach Berlin im Hinblick auf die
verschiedenen zu durchfliegenden Gebiete

Deutschland ist bis heute ein teilweise militärisch besetztes Land[1]. Es
ist daher bei dem Luftverkehr der Westmächte nach Berlin — soweit er
sich über Deutschland abwickelt — zwischen dem Durchflug durch unbesetztes Gebiet, durch sowjetisch besetztes Gebiet und durch das Gebiet
der von den Westmächten besetzten Westsektoren von Berlin zu unterscheiden. *Nur wenn den Westmächten im Verhältnis zu Deutschland das
Recht zum Durchflug durch alle drei genannten Gebiete zusteht, können
sie sich auch gegenüber Deutschland auf ein Zugangsrecht auf dem Luftweg nach Berlin berufen.*

A. Das Recht der Westmächte auf
Durchflug durch sowjetisch besetztes Gebiet

Das Recht der Westmächte, auf dem Wege nach Berlin *sowjetisch besetztes* Gebiet zu überfliegen, könnte sich gegenüber Deutschland aus
Vertrag, aus Gewohnheitsrecht, aus den sogenannten allgemeinen Rechtsgrundsätzen oder aus einem im Jahre 1945 begründeten Besatzungsrecht
der Westmächte ergeben.

---

[1] Vgl. dazu die Anmerkung in der Einleitung.

I. Kein Durchflugrecht der Westmächte durch sowjetisch besetztes Gebiet auf Grund Vertrages, Gewohnheitsrechts oder allgemeiner Rechtsgrundsätze

1. Kein Durchflugrecht auf Grund Vertrages

Die Westmächte können sich für den von ihnen in den Luftkorridoren nach Berlin und in dem außerhalb der Westsektoren Berlins gelegenen Teil der Luftkontrollzone um Berlin durchgeführten Luftverkehr gegenüber Deutschland nicht auf eine *vertragliche* Rechtsgrundlage berufen; denn mit Deutschland selbst wurde ein entsprechender Vertrag nicht geschlossen. Die Westmächte können sich gegenüber Deutschland auch nicht auf ihr im Verhältnis zur Sowjetunion durch das Londoner Protokoll begründetes Zugangsrecht[2] nach Berlin berufen. Deutschland war nicht Vertragspartner dieses am 12. 9. 1944 getroffenen Abkommens, es konnte durch das Londoner Protokoll daher auch nicht verpflichtet werden[3]; denn im Völkerrecht gilt der Grundsatz „pacta tertiis nec nocent, nec prosunt"[4].

Selbst wer das Zugangsrecht der Westmächte gegenüber der Sowjetunion nicht auf das Londoner Protokoll von 1944, sondern auf die den Luftverkehr nach Berlin betreffenden Viermächtevereinbarungen von 1945/46 stützen wollte[5], könnte hieraus nicht mit der Begründung, die Besatzungsmächte hätten diese Vereinbarungen in Ausübung deutscher Staatsgewalt mit Wirkung für und gegen Deutschland getroffen, ein vertragliches Durchflugrecht der Westmächte gegenüber Deutschland herleiten; denn nach heute herrschender Auffassung handelt eine Besatzungsmacht nicht in fremdem Namen, sondern auf Grund der ihr zustehenden Okkupationsgewalt[6].

2. Kein Durchflugrecht auf Grund Gewohnheitsrechts

Den Westmächten steht hinsichtlich des von ihnen nach Berlin durchgeführten Luftverkehrs, soweit er durch sowjetisch besetztes deutsches

---

[2] Vgl. dazu oben S. 28—32.

[3] *Schüle*, Berlin als völkerrechtliches Problem, in: Berlin in Vergangenheit und Gegenwart, 1961, S. 133.

[4] Vgl. dazu u. a.: *Strupp-Schlochauer*, WbVR, Bd. III, S. 544; *Verdross*, VR, 5. Aufl. 1964, S. 183; *Berber*, Bd. I, S. 62; PCIJ Ser. A, 7, S. 29 (Urteil im „Chorzow-Fall", in dem der Gerichtshof ausführt: „A treaty only creates law as between the States which are parties to it.").

[5] Dazu, daß diese Vereinbarungen in Wahrheit nur die technische Ausgestaltung und die Art und Weise der Ausübung des Zugangsrechts betreffen, vgl. oben S. 32 ff.

[6] Vgl. dazu: *Strupp-Schlochauer*, WbVR, Bd. I, S. 195; *Berber*, Bd. II, S. 129; *Verdross*, VR, 5. Aufl. 1964, S. 464; *Scheuer*, Die Rechtslage der geteilten Deutschland, 1960, S. 93 ff. (96) mit einer Übersicht über die zu dieser Frage vertretenen Auffassungen; *v. Schmoller-Maier-Tobler*, Handbuch des Besatzungsrechts, § 7, S. 2.

Gebiet führt, auch kein *gewohnheitsrechtlich* begründetes Durchflugrecht gegenüber Deutschland zu.

Eine längere gleichförmige Übung[7] der Westmächte einerseits und Deutschlands andererseits hinsichtlich des über sowjetisch besetztem Gebiet durchgeführten Luftverkehrs der Westmächte liegt nicht vor; denn eine Gewohnheitsrecht bildende „Übung" setzt eine tatsächliche Einwirkungsmöglichkeit der beteiligten Parteien auf den im Wege der „Übung" zu regelnden Tatbestand voraus[8]. Diese tatsächliche Einwirkungsmöglichkeit hinsichtlich des Luftverkehrs der Westmächte durch sowjetisch besetztes Gebiet fehlt aber auf deutscher Seite; denn die das Deutsche Reich repräsentierende Bundesrepublik[9], die auf deutscher Seite de jure allein als Partner einer gewohnheitsrechtlichen Übung — auch soweit sie sich auf das sowjetisch besetzte Gebiet Deutschlands erstreckt — in Betracht kommt, ist durch das in Mitteldeutschland bis heute bestehende sowjetische Besatzungsregime de facto in der Ausübung ihrer Rechte auf das Bundesgebiet beschränkt[10]. Ein sich auf den sowjetisch besetzten Teil Deutschlands erstreckendes gewohnheitsrechtliches Durchflugrecht der Westmächte konnte daher durch „Übung" zwischen Deutschland und den Westmächten nicht entstehen. Eine „Übung" hinsichtlich dieses dem Zugriff der Bundesrepublik vollständig entzogenen Verkehrs besteht ausschließlich zwischen den Westmächten und der Sowjetunion.

3. Kein Durchflugrecht auf Grund allgemeiner Rechtsgrundsätze

Endlich läßt sich im Verhältnis zu Deutschland ein Durchflugrecht der Westmächte durch das sowjetisch besetzte Gebiet auch nicht auf den von den zivilisierten Staaten anerkannten allgemeinen Rechtsgrundsatz über das Notwegrecht[11] stützen.

Die oben[12] gemachten — für das Verhältnis zwischen den Westmächten und der *Sowjetunion* geltenden — Ausführungen zum Notwegrecht lassen sich auf das Verhältnis zwischen den Westmächten und *Deutschland* nicht anwenden; denn ein Notwegrecht kann nur gegenüber demjenigen bestehen, in dessen Macht es liegt, dem Eingeschlossenen das Wegerecht zu verschaffen. Deutschland ist aber — ganz abgesehen davon, daß es den

---

[7] Zu den Voraussetzungen für die Entstehung von Gewohnheitsrecht vgl. im einzelnen oben S. 42.

[8] Vgl. schon oben S. 42.

[9] Vgl. dazu die Anmerkung in der Einleitung.

[10] Vgl. dazu im einzelnen *Scheuer*, Die Rechtslage des geteilten Deutschland, 1960, S. 109.

[11] Vgl. oben S. 50 ff.

[12] Vgl. oben S. 53 f.

Westmächten den Zugang nach Berlin gar nicht streitig macht — überhaupt nicht in der Lage, den Westmächten einen Notweg durch das Berlin umgebende sowjetisch besetzte Gebiet zur Verfügung zu stellen[13].

Auch ein anderer allgemeiner Rechtsgrundsatz, auf den sich das Durchflugrecht der Westmächte durch das sowjetisch besetzte Gebiet im Verhältnis zu Deutschland stützen ließe, ist nicht ersichtlich.

II. Durchflugrecht der Westmächte durch sowjetisch besetztes Gebiet auf Grund ihres Besatzungsrechts in Berlin (West)?

Nach einer verschiedentlich vertretenen Auffassung soll sich das Recht der Westmächte, auf dem Weg nach Berlin sowjetisch besetztes Gebiet zu durchfliegen, aus ihrem Besatzungsrecht[14] in Berlin ergeben[15].

Ob diese Auffassung zutreffend ist, kann erst beurteilt werden, wenn Klarheit über den völkerrechtlichen Titel besteht, auf dem die bis heute andauernde Besetzung von Berlin (West) durch die Westmächte beruht. *Nur wenn sich aus diesem Titel das Durchflugrecht der Westmächte durch das sowjetisch besetzte Gebiet als Bestandteil ihres Besatzungsrechts in Berlin (West) ableiten läßt, kann der vorstehenden These zugestimmt werden.*

1. Rechtsgrundlage, auf der im Jahre 1945 das Besatzungsrecht der Westmächte in Berlin (West) entstand

Es ist streitig, ob Entstehungsgrund für das Besatzungsrecht der Westmächte in Berlin (West) die „bedingungslose Kapitulation Deutschlands", die „debellatio" Deutschlands, eine zwischen den vier Alliierten getroffene Vereinbarung oder die in der Haager Landkriegsordnung geregelte kriegerische Besetzung ist.

---

[13] Gegenüber Deutschland könnte sich ein Durchflugrecht der Westmächte durch das sowjetisch besetzte Gebiet auf Grund des im Völkerrecht anerkannten allgemeinen Rechtsgrundsatzes über das Notwegrecht erst ergeben, wenn die Sowjetunion ihre Besatzungsgewalt in der SBZ aufgäbe und den Westmächten in der Folge der Zugang nach Berlin von *deutscher* Seite verwehrt würde.

[14] *Daß* den Westmächten Besatzungsrechte in Berlin zustehen, wird auch von der Sowjetunion nicht bestritten (Memorandum der Sowjetunion vom 4. 6. 1961, in: DzB, Dok. Nr. 279; Note der Sowjetunion vom 3. 8. 1961, in: DzB, Dok. Nr. 284).

[15] Vgl. z. B.: *Grewe*, Deutsche Außenpolitik der Nachkriegszeit, 1960, S. 136; *Faust*, Die völkerrechtliche Beurteilung der Berlin-Frage, in: Wehrwissenschaftliche Rundschau, 1963, S. 531; *Riklin*, Berlinproblem, S. 264; *Münch*, Die Freie Stadt, in: Die Friedenswarte, Bd. 55, 1959, S. 43; Erklärung des britischen Außenministeriums vom 10. 11. 1958, in: DzB, Dok. Nr. 237.

a) Bedingungslose Kapitulation

Die am 7. 5. 1945 im alliierten Hauptquartier in Reims und am 8. 5. 1945 im russischen Hauptquartier in Berlin unterzeichneten Kapitulationsurkunden[16] enthalten keine Bestimmungen über eine Besetzung Deutschlands durch Truppen der alliierten Siegermächte. Die „bedingungslose Kapitulation des Deutschen Reiches" wird trotzdem immer wieder ohne nähere Begründung als Rechtsgrundlage des Besatzungsrechts der Westmächte in Berlin bezeichnet[17]. Dieser Ansicht liegt wohl die Auffassung zugrunde, daß es sich bei der bedingungslosen Kapitulation im Jahre 1945 nicht nur um eine rein militärische Kapitulation der Deutschen Wehrmacht, sondern um eine bedingungslose Unterwerfung des *Deutschen Reiches* unter die Gewalt der Siegermächte gehandelt habe und daß diese Unterwerfung im Rahmen der bedingungslosen Kapitulation die Quelle der alliierten Rechte in Deutschland und damit auch ihres Besatzungsrechts in Berlin sei[18].

Bei der Beurteilung der Frage, ob im Jahre 1945 die Deutsche Wehrmacht oder aber das Deutsche Reich bedingungslos kapituliert hat, ist davon auszugehen, daß dem Kriegsvölkerrecht bis zu diesem Zeitpunkt nur ein militärischer Kapitulationsbegriff geläufig war. Hiernach sind Kapitulationen Verträge rein militärischen Charakters, die die Einzelheiten der Übergabe von besiegten Truppen regeln[19].

Auch bei der bedingungslosen Kapitulation von 1945 handelt es sich — entgegen ihrer äußeren Form, die einer einseitigen Erklärung gleicht[20] — um einen Vertrag[21]. Dies ergibt sich daraus, daß die Kapitula-

---

[16] Text in: Amtsblatt des Kontrollrats, Ergänzungsblatt 1, S. 6; Internationales Recht und Diplomatie 2 (1959), S. 307 ff.

[17] Note der USA an die Sowjetunion vom 6. 7. 1948 über die Lage in Berlin, in: DzB, Dok. Nr. 58; Kommuniqué der Außenministerkonferenz von Washington im September 1950, in: US-Archiv-Dienst, Sept. 1950, S. 490 ff.; Erklärung eines Sprechers des britischen Außenministeriums vom 10. 11. 1958, in: DzB, Dok. Nr. 237; Note Frankreichs an die Sowjetunion vom 31. 12. 1958 zur Lage Berlins, in: DzB, Dok. Nr. 250 Ziff. 2; Erklärung des amerikanischen Außenministers Herter vom 10. 6. 1959, in: DzB, Dok. Nr. 269; Note der USA an die Sowjetunion vom 17. 7. 1961, in: DzB, Dok. Nr. 283; vgl. auch die Pressekonferenz Chruschtschows vom 19. 3. 1959, in: *Meissner*, Dokumente zur Pariser Gipfelkonferenz, Bd. I, S. 729; Rede Chruschtschows in Baku vom 25. 4. 1960, in: DzB, Dok. Nr. 277; ebenso: *Heidelmeyer-Hinrichs*, Die Berlin-Frage, 1965, S. 16 f.; *Legien*, Die Viermächtevereinbarungen über Berlin, S. 38.

[18] So z. B. *Heidelmeyer-Hinrichs*, Die Berlin-Frage, 1965, S. 17.

[19] *Oppenheim-Lauterpacht*, Int. Law, Bd. II, § 226, S. 543; *Berber*, Bd. II, S. 82; *Hall-Higgins*, A Treatise on Int. Law, 8. Aufl. 1924, S. 665; *Hyde*, Int. Law, Bd. III, 1947, S. 1780; *Laun*, Reden u. Aufsätze zum VR u. Statsrecht, 1948, S. 88; *Stödter*, Deutschlands Rechtslage, 1948, S. 27.

[20] Die Urkunde ist nur von den deutschen Vertretern unterzeichnet, während die Vertreter der alliierten Siegermächte lediglich als anwesend bezeichnet werden.

[21] *Berber*, Bd. II, S. 83; *Strupp-Schlochauer*, WbVR, Bd. II, S. 192; *Heinze*,

tionsurkunde Bestimmungen enthält, bei denen es sich um Willenser-klärungen der Siegermächte handelt; in einer einseitigen deutschen Erklärung wäre dies nicht denkbar[22, 23]. Diesem zwischen den Alliierten und Deutschland abgeschlossenen Vertrag kann eine über den bisherigen rein militärischen Kapitulationsbegriff hinausgehende Bedeutung nur beigemessen werden, wenn dies von den Beteiligten beabsichtigt war und wirksam vereinbart worden ist.

Auf alliierter Seite war spätestens seit der Jalta-Konferenz im Jahre 1945 die „unconditional-surrender-Forderung" das erklärte offizielle Kriegsziel gegenüber Deutschland[24]. Unter „unconditional surrender" wurde eine restlose *staatliche* Unterwerfung Deutschlands unter die Gewalt der Siegermächte verstanden[25], die gleichzeitig die Rechtsgrundlage für die Übernahme der obersten Gewalt in Deutschland und die Aufteilung Deutschlands in Besatzungszonen enthalten sollte[26].

Bei dieser Auslegung des „unconditional-surrender-Begriffs" durch die Alliierten liegt die Vermutung nahe, daß der Kapitulationsbegriff in den Kapitulationsurkunden von 1945 ebenso, d. h. also im Sinne einer uneingeschränkten Unterwerfung Deutschlands, verstanden wurde. Form und Inhalt der Urkunden sprechen jedoch *gegen* eine solche Annahme:

Die von den Alliierten entworfene, von deutscher Seite am 8. 5. 1945[27] in Berlin unterzeichnete Kapitulationsurkunde[28] ist in der Überschrift und in Ziffer 4 der Urkunde als „militärische Kapitulationsurkunde" bezeich-

---

Völkerrechtsprobleme des Verteidigungsbeitrages der deutschen BR, in: EA, 1952, S. 4713; *Kelsen,* The Legal Status of Germany according to the Declaration of Berlin, in: AJIL 39 (1945), S. 519; *Rauschning,* Gesamtverfassung Deutschlands, 1962, S. 73; a. A. *Stödter,* a.a.O., S. 32.

[22] So wird in Ziff. 4 der Erlaß allgemeiner Kapitulationsbestimmungen angekündigt und in Ziff. 5 werden für den Fall der Nichtbefolgung von Kapitulationsbedingungen Strafen angedroht.

[23] Ebenso *Berber,* Bd. II, S. 83.

[24] Vgl. dazu den Konferenzbericht von Jalta vom 11. 12. 1945, abgedruckt in: Documents on American Foreign Relations, Vol. VII (1944/45), S. 348, auszugsweise bei: *Meister,* Zur deutschen Kapitulation 1945, in: ZaöRV 13 (1950), S. 407; *Strupp-Schlochauer,* WbVR, Bd. II, S. 196.

[25] Vgl. den Urkundenentwurf der EAC vom 25. 7. 1944 über „Die bedingungslose Kapitulation Deutschlands", in: Foreign Relations of the United States, Conferences at Malta and Jalta, S. 113—118; Beschluß im Konferenzprotokoll von Jalta unter Ziff. III, in: Documents on American Foreign Relations, Vol. VII (1944/45), S. 348 ff., abgedruckt bei: *Meister,* a.a.O., S. 407.

[26] Vgl. den Bericht Roosevelts über die Jalta-Konferenz vor dem amerikanischen Kongreß vom 11. 3. 1945, in: Department of State Bulletin, 1945, XII, S. 220—222, abgedruckt bei: *Meister,* a.a.O., S. 407 f.; *Strupp-Schlochauer,* WbVR, Bd. II, S. 196.

[27] Die entsprechende Urkunde, die am 7. 5. 1945 im westalliierten Hauptquartier in Reims unterzeichnet wurde, hat im wesentlichen denselben Inhalt, so daß im folgenden nur noch von der zuletzt unterzeichneten Urkunde die Rede ist.

[28] Text in: Amtsblatt des Kontrollrats, Ergänzungsblatt 1, S. 6.

net. Sie enthält *militärische* Bestimmungen über die Übergabe der Streitkräfte, die Einstellung der Kampfhandlungen, die Entwaffnung, die Verpflichtung des OKW zur Überwachung der Einhaltung der Kapitulationsbedingungen und ein Verbot der Zerstörung von militärischen Aus-
rüstungsgegenständen. Sie wurde weiter von deutscher Seite ausdrücklich „für das Oberkommando der Deutschen Wehrmacht" unterzeichnet.

Alle diese Umstände sprechen für den rein militärischen Charakter der
Kapitulation.

Anlaß zu Bedenken gibt in dieser Hinsicht nur Ziffer 4 der Kapitulationsurkunde. Dort heißt es:

> „Diese Kapitulationserklärung stellt kein Präjudiz für an ihre Stelle
> tretende allgemeine Kapitulationsbestimmungen dar, die durch die
> Vereinten Nationen oder in deren Namen festgesetzt werden und
> Deutschland und die Deutsche Wehrmacht als Ganzes betreffen wer-
> den."

Mit diesem Vorbehalt zugunsten eines allgemeinen politischen Kapitula-
tionsinstrumentes wollten sich die Alliierten eine deutsche Blankovoll-
macht für die spätere Durchsetzung ihrer Vorstellungen von einem „unconditional surrender of Germany" sichern[29]. Hätten sie hieran festge-
halten und später gestützt auf diesen Vorbehalt tatsächlich ein solches
politisches Instrument erlassen[30], so könnte von einer rein militärischen
Kapitulation nicht gesprochen werden. Die Kapitulation wäre dann tatsächlich als Rechtsgrundlage aller alliierten Rechte in Deutschland — und
damit auch der alliierten Besatzungsrechte in Berlin — anzusehen.

Fraglich ist aber, ob der in Ziffer 4 der Urkunde enthaltene Vorbehalt
wirksamer Bestandteil des Kapitulationsvertrages geworden ist. Nach
allgemeiner Auffassung kann eine Kapitulation als rein militärischer
Vertrag nur Fragen militärischen Inhalts regeln[31]. Darüber hinausgehende Vereinbarungen sind für den besiegten Staat unverbindlich,
außer wenn die die Kapitulation erklärenden militärischen Vertreter des
besiegten Staates im Besitz von besonderen Vollmachten ihrer Regierung
gewesen sind[32].

---

[29] Ebenso *Strupp-Schlochauer*, WbVR, Bd. II, S. 197.
[30] Wie das im Zusammenhang mit der alliierten Proklamation vom 5. 6. 1945
über die Übernahme der obersten Regierungsgewalt in Deutschland (Text in:
DzB, Dok. Nr. 10) z. B. von *Oppenheim-Lauterpacht*, II, S. 553 behauptet wird.
[31] Vgl. dazu außer den oben S. 71, Anm. 19 zitierten Nachweisen noch: *Strupp-
Schlochauer*, WbVR, Bd. II, S. 194; *Wengler*, VR, Bd. I, S. 197.
[32] *Strupp-Schlochauer*, WbVR, Bd. II, S. 194; *Oppenheim-Lauterpacht*, Bd. II,
§ 226, S. 543; *Wengler*, VR, Bd. I, S. 197, Anm. 1; *Hall-Higgins*, A Treatise on
International Law, 8. Aufl. 1924, S. 666; *Stödter*, Deutschlands Rechtslage, 1948,
S. 27 f.; *Grewe*, Ein Besatzungsstatut für Deutschland, 1948, S. 22.

Die deutschen Offiziere handelten bei der Kapitulationserklärung zwar mit Zustimmung des von Hitler testamentarisch zu seinem Nachfolger berufenen Großadmirals Dönitz[33]. In dieser Zustimmung lag aber keine wirksame Vollmachterteilung einer vertretungsberechtigten deutschen Regierung zum Abschluß über einen rein militärischen Inhalt hinausgehender Vereinbarungen im Rahmen der Kapitulation, weil die sogenannte Regierung Dönitz nicht auf legalem Wege zustande gekommen war[34].

Ziffer 4 der Kapitulationsurkunde ist daher nicht wirksam vereinbart worden.

An diesem Ergebnis ändert sich auch nichts, wenn unterstellt wird, daß den deutschen Unterhändlern eine wirksame politische Handlungsvollmacht erteilt worden sei; denn sie haben davon jedenfalls keinen Gebrauch gemacht, sondern ausdrücklich nur im Namen des „Oberkommandos der Deutschen Wehrmacht" gehandelt und damit einen rein militärischen Übergabeakt vollzogen.

Die bedingungslose Kapitulation von 1945 ist daher entsprechend dem dem Völkerrecht bis 1945 geläufigen Kapitulationsbegriff lediglich als *militärische* Kapitulation zu werten[35].

Zusammenfassend kann festgestellt werden, daß 1945 nicht das Deutsche Reich, sondern die Deutsche Wehrmacht bedingungslos kapitulierte[36]. Diese Kapitulation kann daher als Rechtsgrundlage auch nur für die in ihr vereinbarten militärischen Maßnahmen herangezogen wer-

---

[33] *v. Schmoller-Maier-Tobler*, Handbuch des Besatzungsrechts, § 4, S. 10.

[34] *v. Schmoller-Maier-Tobler*, a.a.O.; daß die sogenannte Regierung Dönitz keine legale deutsche Regierung war, wird allgemein angenommen: vgl. z. B. *Stödter*, Deutschlands Rechtslage, 1948, S. 31; BVerfGE, Bd. 2, S. 56 f.; a. A.: *Kelsen*, The Legal Status of Germany According to the Declaration of Berlin, in: AJIL 39 (1945), S. 518.

[35] Im Ergebnis ebenso: *Sauser-Hall*, L'occupation de l'Allemagne par les Puissances Alliées, in: Schweizerisches Jahrbuch für internationales Recht, III (1946), S. 24 ff.; *Stödter*, Deutschlands Rechtslage, 1948, S. 29; *Grewe*, Ein Besatzungsstatut für Deutschland, 1948, S. 20 ff.; *v. Schmoller-Maier-Tobler*, Handbuch des Besatzungsrechts, § 4, B, 1; *Berber*, Bd. II, S. 82; *Guggenheim*, Lehrbuch des VR, Bd. II, S. 819, Anm. 156; *Riklin*, Berlinproblem, S. 234.

[36] Diese Auffassung wird heute überwiegend vertreten: vgl. außer den in Anm. 35 zitierten Nachweisen noch: Entschließung der deutschen Völkerrechtslehrer auf ihrer 1. Hamburger Tagung am 16./17. April 1947, in: Jahrbuch für internationales Recht, Bd. 1, S. 6; *Meister*, Stimmen des Auslands zur Rechtslage Deutschlands, in: ZaöRV 13 (1950/51), S. 173 ff.; *Mann*, Deutschlands heutiger Status, in: SJZ 1947, Sp. 466 ff.; *Scheuner*, Die staatsrechtliche Kontinuität in Deutschland, DVBl. 1950, S. 481 f.; *Heinze*, Völkerrechtsprobleme des Verteidigungsbeitrages der deutschen Bundesrepublik, in: EA 1952, S. 4712 ff.; *Delbez*, Le nouveau statut de l'Allemagne occupé, in: Revue générale de Droit international public, Bd. 54 (1950), S. 4; *Scheuer*, Die Rechtslage des geteilten Deutschland, 1960, S. 34 f.; BGHZ 13, 265 (292); 19, 253 (259).

den. Da in den Kapitulationsurkunden von 1945 eine Besetzung Deutschlands nicht vorgesehen ist, so scheidet die bedingungslose Kapitulation als Rechtsgrundlage für die Besetzung Deutschlands — und damit auch als Rechtsgrundlage für die Besetzung von Berlin — aus[37].

b) „debellatio"

Als Entstehungsgrund für das Besatzungsrecht der Westmächte in Berlin (West) kommt weiter eine „debellatio" Deutschlands im Jahre 1945 in Betracht.

Der völkerrechtliche Begriff der „debellatio" ist umstritten. Im kontinental-europäischen Völkerrechtskreis wird unter einer „debellatio" überwiegend die kriegerische Eroberung eines fenidlichen Staates unter Beseitigung seiner staatlichen Existenz durch Annektion oder eine anderweitige Verfügung des Siegers verstanden[38]. Im anglo-amerikanischen Völkerrecht dagegen wird derselbe Tatbestand als „subjugation" bezeichnet[39], während die „debellatio" (oft auch als „conquest" bezeichnet) überwiegend mit der bloßen kriegerischen Inbesitznahme gleichgesetzt wird[40], die wiederum im kontinental-europäischen Sprachgebrauch als „occupatio bellica" bezeichnet wird[41].

Eine Gegenüberstellung der Begriffe zeigt, daß dieselben Sachverhalte nur verschieden bezeichnet werden. Da unten[42] im Rahmen der Untersuchung über die „occupatio bellica" auch der dem anglo-amerikanischen Debellationsbegriff zugrunde liegende Sachverhalt daraufhin untersucht wird, ob er die Rechtsgrundlage für das Besatzungsrecht der Westmächte in Berlin (West) darstellt, so soll hier zunächst von dem kontinental-europäischen Begriff der „debellatio" (= subjugation) ausgegangen werden.

Die „debellatio" in diesem Sinne käme als Entstehungsgrund für das Besatzungsrecht der Westmächte in Berlin (West) nur in Betracht, wenn

---

[37] *Sauser- Hall*, a.a.O.; *Riklin*, a.a.O., S. 237.

[38] *Berber*, Bd. II, S. 99 f.; *Guggenheim*, Lehrbuch des VR, Bd. II, S. 819, Anm. 156; *Sauser-Hall*, L'occupation de l'Allemagne par les Puissances Alliées, in: Schweizerisches Jahrbuch für internationales Recht, III (1946), S. 25; *Geiler*, Die gegenwärtige völkerrechtliche Lage Deutschlands, Bremen, 1947, S. 10; *Grewe*, Besatzungsstatut, S. 48 ff.; *v. Turegg*, Deutschland und das Völkerrecht, 1948, S. 37, 41; *Menzel*, Deutschland — ein Kondominium oder Koimperium?, in: JiaöR, 1948, S. 60; *Ipsen*, Deutsche Gerichtsbarkeit unter Besatzungshoheit, in: JiaöR, 1948, S. 108 f.

[39] Vgl. z. B.: *Oppenheim-Lauterpacht*, Bd. II, 7. Aufl. 1952, S. 600; *Fenwick*, International Law, 2. Aufl. 1934, S. 579.

[40] Vgl. dazu im einzelnen: *Menzel*, Deutschland — ein Kondominium oder Koimperium?, in: JiaöR, Bd. I, 1948, S. 59 f.

[41] *Scheuer*, Die Rechtslage des geteilten Deutschland, 1960, S. 30.

[42] Vgl. S. 77 ff.

die Alliierten Deutschland im Jahre 1945 annektiert hätten, oder die
staatliche Existenz des Deutschen Reiches durch anderweitige Verfügungen der Siegermächte beseitigt worden wäre.

Ganz abgesehen davon, daß heute wohl überwiegend angenommen
wird, daß die Auslöschung der staatlichen Existenz eines Volkes gegen
seinen Willen gegen das allgemein anerkannte Selbstbestimmungsrecht
der Völker verstößt und deshalb unzulässig ist[43], haben die Alliierten
Deutschland weder annektiert[44] noch durch anderweitige Verfügungen
die deutsche Staatlichkeit vernichtet[45].

Auf eine „debellatio" des durch die Ereignisse des Jahres 1945 in seinem
Fortbestand nicht berührten Deutschen Reiches[46] läßt sich die Besetzung
von Berlin (West) durch die Westmächte daher nicht stützen.

c) Vereinbarungen zwischen den Alliierten

Nach einer anderen Auffassung soll das Besatzungsrecht der Westmächte in Berlin (West) auf den Viermächtevereinbarungen und zwar
„in erster Linie" auf dem Potsdamer Abkommen beruhen[47].

Im Potsdamer Abkommen vom 2. 8. 1945[48], das die in der Anfangszeit
der Besetzung Deutschlands anzuwendenden politischen und wirtschaftlichen Grundsätze regelt, ist mit keinem Wort von einer Besetzung Berlins durch die alliierten Mächte die Rede. Rechtsgrundlage des Besatzungsrechts der Westmächte in Berlin (West) kann dieses Abkommen
daher nicht sein[49].

---

[43] *Grewe*, Besatzungsstatut, S. 53 f.; BGHZ 13, 265 (293).

[44] Vgl. dazu die alliierte Proklamation vom 5. 6. 1945 über die Niederlage
Deutschlands und die Übernahme der obersten Regierungsgewalt in Deutschland, in der es ausdrücklich heißt: „Die Übernahme zu den vorstehend genannten Zwecken der besagten Regierungsgewalt und Befugnisse bewirkt
nicht die Annektierung Deutschlands" (zitiert nach: DzB, Dok. Nr. 10).

[45] *Scheuer*, Die Rechtslage des geteilten Deutschland, S. 32 f.

[46] Vgl. auch die Anmerkung in der Einleitung.

[47] So die von der Sowjetunion jedenfalls bis zum Jahre 1959 vertretene Auffassung, vgl. insbesondere die sowjetische Note an die Westmächte vom 27. 11.
1958, in: DzB, Dok. Nr. 241, S. 301 ff. (310); ferner die Note der SU an die USA
vom 10. 1. 1959, DzB, Dok. Nr. 255; später änderte die SU ihre Auffassung, indem sie nunmehr das Besatzungsrecht der Westmächte in Berlin (West) in der
„Kapitulation Deutschlands" (Pressekonferenz Chruschtschows vom 19. 3. 1959,
in: *Meissner*, Dokumente zur Pariser Gipfelkonferenz, Bd. I, S. 729) und in
dem „Recht der militärischen Okkupation" (so die Note der SU an die USA
vom 3. 8. 1961, in: DzB, Dok. Nr. 284) begründet sieht.

[48] Vgl. oben S. 28, Anm. 103.

[49] Ebenso die Antwortnoten der Westmächte vom 31. 12. 1958 auf die sowjetische Note vom 27. 11. 1958, in: DzB, Dok. Nr. 249, 250, 251; vgl. auch die Note
der Bundesrepublik Deutschland an die SU vom 5. 1. 1959, in: DzB, Dok. Nr. 252.

Aber auch durch das Londoner Protokoll über die Besatzungszonen in Deutschland und die Verwaltung von Groß-Berlin vom 12. 9. 1944[50] wurde das Besatzungsrecht der Westmächte in Berlin nicht begründet[51]. Dieses Abkommen wurde zu einer Zeit geschlossen, als die alliierten Truppen deutschen Boden noch gar nicht betreten hatten, Rechte der Alliierten gegenüber Deutschland also nur mit dessen Zustimmung hätten begründet werden können. Da Deutschland — wie bereits erwähnt[52] — nicht Partner des zwischen den Vereinigten Staaten, Großbritannien und der Sowjetunion vereinbarten Londoner Protokolls war und das Völkerrecht grundsätzlich keine Verträge zu Lasten Dritter kennt[52], so vermochte dieses Abkommen nur Verpflichtungen zwischen den Alliierten zu begründen: Inhalt des Londoner Protokolls war die zwischen den Vertragsparteien verbindliche Festlegung der Art und Weise einer in Zukunft erfolgenden Besetzung Deutschlands, nicht jedoch die Begründung des Besatzungsrechts selbst[53].

d) Kriegerische Besetzung gemäß der HLKO

Als Rechtsgrundlage, auf der das Besatzungsrecht der Westmächte in Berlin (West) im Jahre 1945 entstanden sein könnte, kommt endlich die im 3. Abschnitt der Anlage zum „Abkommen betreffend die Gesetze und Gebräuche des Landkrieges"[54] vom 18. Oktober 1907 geregelte kriegerische Besetzung (occupatio bellica) in Betracht.

Gemäß Art 42 HLKO[55] beruht die kriegerische Besetzung auf der Herstellung der *tatsächlichen Gewalt* über feindliches Gebiet durch militärische Inbesitznahme dieses Gebietes während eines Krieges[56, 57].

---

[50] Vgl. dazu oben S. 28 ff.

[51] Dies behauptete jedoch die Sowjetunion in ihrer bereits erwähnten Note vom 27. 11. 1958, in der sie dieses Abkommen „als nicht mehr in Kraft befindlich" bezeichnete (siehe dazu oben S. 38 ff.) und daraus den Untergang der Besatzungsrechte der Westmächte in Berlin (West) folgerte. (Siehe aber zu der späteren Revision des sowjetischen Standpunktes oben S. 76, Anm. 47.)

[52] Vgl. oben S. 68.

[53] Ebenso: Memorandum des amerikanischen Außenministeriums vom 20. 12. 1958 zur Berlin-Frage, in: *Siegler*, Dokumentation zur Deutschlandfrage, Bd. II, S. 56 ff. (62 f.); Noten Frankreichs und Großbritanniens vom 31. 12. 1958 an die Sowjetunion, in: DzB, Dok. Nr. 250 und 251; vgl. auch *Schüle*, Berlin als völkerrechtliches Problem, in: Berlin in Vergangenheit und Gegenwart, 1961, S. 133; ferner *Münch*, Die Freie Stadt, in: Die Friedenswarte, Bd. 55, 1959, S. 41 f.

[54] Textausgaben des im folgenden als „Haager Landkriegsabkommen" (HLKA) bezeichneten Abkommens sowie der im folgenden als „Haager Landkriegsordnung" (HLKO) bezeichneten Anlage zu diesem Abkommen finden sich bei: *Ruge*, Das Recht in Deutschland, 1947, Bd. I, A, 1 und 1a; *Laun*, HLKO, 5. Aufl. 1950, S. 140 ff.

[55] Art. 42 HLKO lautet: (1) Ein Gebiet gilt als besetzt, wenn es sich tatsächlich in der Gewalt des feindlichen Heeres befindet. (2) Die Besetzung erstreckt sich nur auf die Gebiete, wo diese Gewalt hergestellt ist und ausgeübt werden kann.

[56] Vgl. *Berber*, Bd. II, S. 124 f.

Das Besatzungsrecht der Westmächte in Berlin (West) konnte daher im Jahre 1945 nur auf der Grundlage der in der HLKO geregelten kriegerischen Besetzung entstehen, wenn

1. im Juli 1945 bei der Besetzung der Westsektoren von Berlin durch die Westmächte diese sich noch im Kriegszustand mit Deutschland befanden,

2. die HLKO auf das Verhältnis zwischen den Siegermächten und Deutschland im Jahre 1945 überhaupt anwendbar war und

3. die Westmächte die tatsächliche Gewalt in Berlin (West) im Jahre 1945 originär durch kriegerische Inbesitznahme der Westsektoren der Stadt erlangt haben.

a) Fortdauer des Kriegszustandes zwischen den Westmächten und Deutschland im Zeitpunkt der Besetzung von Berlin (West) durch die Westmächte im Jahre 1945

Nach geltendem Völkerrecht kann der Kriegszustand nur aus drei Gründen, nämlich durch die Vernichtung der staatlichen Existenz des Kriegsgegners, durch den Abschluß eines Friedensvertrages oder durch die beiderseitige Einstellung der Feindseligkeiten, wenn zu ihr der mindestens stillschweigend zum Ausdruck gebrachte Wille der bisherigen Gegner zur Kriegsbeendigung hinzutritt, beendet werden[58].

Hieraus ergibt sich zunächst, daß allein durch die Einstellung der Feindseligkeiten im Jahre 1945 der Kriegszustand mit Deutschland noch nicht beendet wurde[59].

Aus der Ausschließlichkeit der genannten Kriegsbeendigungsgründe folgt aber auch weiter, daß die in der Völkerrechtstheorie verschiedentlich aufgestellte Behauptung, der Kriegszustand mit Deutschland sei be-

---

[57] Daß die Besetzung *während* der Dauer eines Krieges erfolgt sein muß, ist im Wortlaut des Art. 42 HLKO zwar nicht ausdrücklich gesagt; als eine dem *Kriegs*völkerrecht angehörende Vorschrift setzt jedoch auch Art. 42 HLKO für seine Anwendbarkeit den Fortbestand des Kriegszustandes stillschweigend voraus.

[58] *Strupp-Schlochauer*, WbVR, Bd. II, S. 334 f.; *Berber*, Bd. II, S. 99, 101, 125; *Verdross*, VR, 5. Aufl. 1964, S. 440; *Oppenheim-Lauterpacht*, Bd. II, S. 596—598; *Guggenheim*, Lehrbuch des VR, Bd. II, S. 819 ff.; *Strupp*, WbVR und der Diplomatie, Bd. I, 1924, S. 713 f.

[59] Vgl. die Erklärung des britischen Auswärtigen Amtes in Sachen „Rex v. Bottrill, ex parte Kuechenmeister", in: King's Bench Division of the High Court of Justice, 1947, S. 41, in der es heißt: „No treaty of peace or declaration of the allied powers having been made terminating the state of war with Germany, His Majesty is still in a state of war with Germany, although, as provided in the declaration of surrender, all active hostilities have ceased"; vgl. ferner: *Berber*, Bd. II, S. 125; *Verdross*, VR, 5. Aufl. 1964, S. 440; *von der Heydte*, VR, Bd. II, 1960, S. 210.

reits durch die bedingungslose Kapitulation vom 8. 5. 1945[60] beendet worden[61], unzutreffend ist, ganz abgesehen davon, daß die bedingungslose Kapitulation als Vorgang von rein militärischer Bedeutung den Untergang eines Staates nicht herbeiführen kann[62].

Es ist daher festzustellen, daß trotz der Einstellung der Feindseligkeiten und trotz der erfolgten bedingungslosen Kapitulation der Kriegszustand zwischen den Westmächten und Deutschland noch nicht beendet war, als die Westmächte im Juli 1945 die Westsektoren von Berlin besetzten.

β) Grundsätzliche Anwendbarkeit der HLKO auf das Verhältnis zwischen den Siegermächten und Deutschland im Jahre 1945

Das Besatzungsrecht der Westmächte in Berlin (West) kann im Jahre 1945 weiter nur dann auf der Grundlage der HLKO entstanden sein, wenn die HLKO auf das Verhältnis zwischen den Siegermächten und Deutschland zu dieser Zeit überhaupt anwendbar war[63].

Gegen die Anwendbarkeit der HLKO ist teilweise eingewendet worden, sie sei überhaupt nicht mehr gültig, teils aber auch, sie sei zwar gültig, im Falle Deutschlands jedoch nicht anwendbar.

Die These von der generellen Ungültigkeit der HLKO wurde bereits während des 2. Weltkrieges von deutscher Seite vertreten[64]. Zur Begründung wurde angeführt, durch die Entwicklung der modernen Kriegstechnik im totalen Krieg habe sich das Wesen des Krieges vollständig geändert, so daß notwendigerweise auch die völkerrechtliche Beurteilung eine andere sein müsse als zur Zeit der Entstehung der HLKO[65].

In jüngster Zeit wandten sich kommunistische Autoren indirekt ebenfalls gegen eine Fortgeltung der HLKO, indem sie auf Grund einer angeblichen Weiterentwicklung des Völkerrechts "das Prinzip der völker-

---

[60] Zur bedingungslosen Kapitulation vgl. oben S. 71 ff.

[61] Vgl. z. B.: *Mosler,* Der Einfluß der Rechtsstellung Deutschlands auf die Kriegsverbrecherprozesse, in: SJZ 2 (1947), Sp. 368; *Bindschedler,* Die völkerrechtliche Stellung Deutschlands, in: Schweiz. Jahrb. für internationales Recht, Bd. 6, 1949, S. 37 ff.; *Kelsen,* The Legal Status of Germany according to the Declaration of Berlin, in: AJIL 39 (1945), S. 518 ff.; *Freeman,* War Crimes by Enemy Nationals Administering Justice in Occupied Territory, in: AJIL 41 (1947), S. 605; *v. Dassel,* Die Frage nach dem deutschen Staat von heute, 1948, S. 14; *Kunz,* Ending war with Germany, in: AJIL 46 (1952), S. 114 ff.

[62] Zur Rechtsnatur der bedingungslosen Kapitulation vgl. oben S. 71 ff.

[63] Vgl. dazu oben S. 78.

[64] *Bölling,* Die Deutsche Okkupationshoheit in Nord- und Westeuropa, in: RVBl. 61 (1940), S. 440.

[65] *Bölling,* a.a.O.; *Smith,* The Government of Occupied Territory, in: BYIL 21 (1944), S. 151 f.; ähnlich argumentierte Göring im Nürnberger Prozeß, vgl.: Prozeß gegen die Hauptkriegsverbrecher, Bd. I, S. 254, 247.

rechtlichen Verantwortlichkeit der Staaten für die Erhaltung des Frie-
dens" als Rechtsquelle des Besatzungsrechts bezeichneten[66].

Diesen Versuchen, die HLKO als überholt hinzustellen, ist entgegen-
zuhalten, daß auf Grund internationaler Verträge geltendes Völkerrecht
nicht dadurch gegenstandslos wird, daß ein Staat, dem die Bindung an
dieses Recht nicht paßt, sich darüber hinwegsetzt und es verletzt oder für
nicht mehr anwendbar erklärt[67]. Die HLKO ist bisher nicht aufgehoben
worden. Ihre Vorschriften und das ihr jedenfalls bei ihrer Kodifizierung
im Jahre 1907 zu Grunde liegende völkerrechtliche Gewohnheitsrecht
könnten daher nur durch entgegenstehendes allgemeines Völkergewohnheitsrecht aufgehoben worden sein[68]. Dies wäre geschehen, wenn der
überwiegende Teil der Völkerrechtsgemeinschaft die in der HLKO zum
Ausdruck gekommenen Grundsätze der Landkriegführung über einen
längeren Zeitraum hinweg in der Überzeugung, rechtmäßig zu handeln,
mißachtet hätte. Wie *Stödter* überzeugend nachgewiesen hat, war jedoch
das Gegenteil der Fall. Die HLKO wurde sowohl vor dem 2. Weltkrieg
und während des 2. Weltkrieges als auch nachher in der Staatenpraxis
und Völkerrechtstheorie der meisten Staaten als Bestandteil des geltenden Völkerrechts angesehen[69]. Es ist daher von einer grundsätzlichen
Fortgeltung der HLKO auch für die Zeit nach dem 2. Weltkrieg auszugehen.

Zu prüfen ist jedoch weiter, ob die HLKO auch auf den besonderen
Fall Deutschlands im Jahre 1945 anzuwenden war.

Nach Art. 2 HLKA[70] findet die HLKO nur Anwendung, wenn alle Krieg-
führenden Vertragspartner dieses Abkommens sind. Deutschland, die
Vereinigten Staaten, Großbritannien und Frankreich gehören zu den
Signatarstaaten[71]. Auch das Kaiserreich Rußland gehörte zu den Vertragsparteien[72]. Fraglich ist aber, ob die Unterzeichnung des Haager
Vertragswerks durch das zaristische Rußland für die Sowjetunion verbindlich ist. Während sich die Sowjetunion zunächst auf den Standpunkt
stellte, an die Unterzeichnung des Haager Abkommens nicht gebunden

---

[66] *Herder-Schneider*, Der Aufenthalt von Streitkräften der imperialistischen
Westmächte in Westdeutschland und Westberlin und die Benutzung der Flug-
linien nach Westberlin sind völkerrechtswidrig, in: Staat und Recht, 11/12
(1961), S. 2070; *Tunkin*, Die Berlin-Frage und das VR, in: Sowjetwissenschaft
4 (1959), S. 360 (zitiert nach *Riklin*, S. 234).

[67] *Laun*, HLKO, 5. Aufl. 1950, S. 85; *Scheuer*, Die Rechtslage des geteilten
Deutschland, 1960, S. 98.

[68] *Laun*, a.a.O.; *Stödter*, Deutschlands Rechtslage, 1948, S. 150 ff.

[69] *Stödter*, Deutschlands Rechtslage, 1948, S. 150 ff.

[70] Vgl. S. 77, Anm. 54.

[71] Präambel des HLKA vom 18. 10. 1907, Text bei *Laun*, a.a.O.

[72] *Laun*, HLKO, 5. Aufl. 1950, S. 141.

zu sein, erklärte sie sich im Juli/August 1941 in Noten an Großbritannien, Schweden, Japan und Bulgarien[73] bereit, bei Wahrung der Gegenseitigkeit die HLKO im Krieg mit Deutschland anzuwenden. Durch diese Noten erkannte die Sowjetunion die vom zaristischen Rußland durch den Beitritt zum Haager Abkommen eingegangenen internationalen Verpflichtungen formell an[74]. Dies ergibt sich auch aus den Zirkularnoten des damaligen sowjetischen Außenkommissars Molotow vom 25. 11. 1941 und vom 27. 4. 1942[75].

Aus der Allbeteiligungsklausel des Art. 2 HLKA können daher keine Einwände gegen die Anwendung der HLKO auf die 1945 in Deutschland herrschenden Verhältnisse erhoben werden.

Die Unanwendbarkeit der HLKO auf das Verhältnis zwischen den Siegermächten und Deutschland im Jahre 1945 könnte sich aber daraus ergeben, daß Deutschland während des 2. Weltkrieges selbst gegen die HLKO verstieß, so daß deren Nichtanwendung auf Deutschland als Repressalie[76] erscheinen könnte[77].

Gegen die völkerrechtliche *Zulässigkeit* einer derartigen Repressalie bestehen jedoch Bedenken. Die unbeschränkte Anwendung von Repressalien im Kriege würde die Grundsätze des Kriegsvölkerrechts zunichte machen oder doch mindestens stark gefährden, so daß Kriegsrepressalien nur in beschränktem Umfang zulässig sein können[78]. Wo die Grenzen im einzelnen zu ziehen sind, ist bestritten. Es besteht jedoch weitgehend Einigkeit darüber, daß Repressalien nur präventive Zwecke verfolgen dürfen und nur solange zulässig sind, als das rechtswidrige Verhalten des Gegners andauert[79]. Von Deutschland in den ehemaligen Feindstaaten begangene völkerrechtswidrige Handlungen — und damit auch der dadurch ausgelöste rechtswidrige Zustand — fanden spätestens mit der bedingungslosen Kapitulation ihr Ende. Eine Nichtanwendung der HLKO

---

[73] Text der Noten: *Meissner*, Sowjetunion und HLKO, 1950, S. 47 ff.

[74] *Meissner*, Sowjetunion und HLKO, in: Osteuroparecht, 1955, S. 97.

[75] Vgl. dazu *Meissner*, Sowjetunion und HLKO, 1950, S. 67 f.

[76] Zum Begriff der „Repressalie" vgl. *A. Meyer*, Völkerrechtlicher Schutz der friedlichen Personen und Sachen gegen Luftangriffe, 1935, S. 227 ff.

[77] So ausdrücklich *Trainin*, Questions of Guerilla Warfare in the Law of War, in: AJIL 40 (1946), S. 534, 554; sinngemäß ebenso: *Shawcross*, Nürnberg, Rede des engl. Hauptanklagevertreters, S. 16; *Jennings*, Government in Commission, in: BYIL 23 (1946), S. 139.

[78] *Laun*, HLKO, 5. Aufl. 1950, S. 51 f.; *Berber*, Bd. II, S. 236; *Stödter*, Deutschlands Rechtslage, 1948, S. 109 ff.; *Oppenheim-Lauterpacht*, Bd. II, S. 564 f.; *Dahm*, Bd. II, S. 429 ff.

[79] *Verdross*, VR, 5. Aufl. 1964, S. 459; *Berber*, Bd. II, S. 236; *Dahm*, Bd. II, S. 428 f.; *A. Meyer*, Völkerrechtlicher Schutz der friedlichen Personen und Sachen gegen Luftangriffe, 1935, S. 230; *Laun*, a.a.O., S. 113; *Stödter*, a.a.O., S. 111.

als Repressalie gegen in der Vergangenheit liegende Verstöße Deutschlands gegen das allgemeine Kriegsvölkerrecht war daher unzulässig[80].

Die Anwendbarkeit der HLKO auf das besiegte Deutschland wurde weiterhin auch mit der Begründung verneint, daß viele Maßnahmen der Alliierten in Deutschland sich durch die „occupatio bellica" nicht rechtfertigen ließen[81]. Zur Ausfüllung der durch die Nichtanwendung der HLKO entstandenen Lücke wurden für die Besetzung Deutschlands die verschiedensten Arten der kriegerischen Besetzung konstruiert[82]. So unterscheidet *Zinn*[83] von der normalen „occupatio bellica" die sogenannte „Interventionsbesetzung", während *Sauser-Hall*[84] von einer „occupation fiduciaire" spricht. Andere[85] unterscheiden die Besetzung während der Dauer der Kampfhandlungen von einer solchen nach einer bedingungslosen Kapitulation. Weiter wird unterschieden zwischen einer „militärischen Sicherheitsbesetzung", einer „Interventionsbesetzung", einer „Sequestrationsbesetzung" und einer „wirtschaftlichen Sicherungsbesetzung"[86]. Endlich taucht auch noch der Begriff der „occupatio sui generis" auf[87].

All diesen Konstruktionen ist folgendes gemeinsam: Sie sollen die in der Handhabung der Besatzungspraxis durch die Siegermächte liegenden Verletzungen der HLKO[88] erklären und eine Rechtsgrundlage für die durch die HLKO nicht gedeckten Maßnahmen der Besatzungsmächte abgeben[89]. Ein solches Verfahren ist jedoch unzulässig. Ein Rechtsverstoß kann nicht dadurch aus der Welt geschafft werden, daß das Recht beseitigt

---

[80] Nürnberger Urteil im Prozeß gegen die Südost-Generale, S. 10318 der Protokolle; v. *Schmoller-Maier-Tobler,* Handbuch des Besatzungsrechts, Bd. I, § 5, S. 7; *Laun,* a.a.O., S. 113 f.

[81] *Abendroth,* Die Haftung des Reiches, Preußens, der Mark Brandenburg und der Gebietskörperschaften des öffentlichen Rechts für Verbindlichkeiten, die vor der Kapitulation vom 8. 5. 1945 entstanden sind, in: Neue Justiz 1 (1947), S. 74, 78; v. *Kempski,* Deutschland als Völkerrechtsproblem, in: Merkur 1 (1947), S. 190, 194.

[82] Zusammenstellungen über die Meinungen bei: *Stödter,* Deutschlands Rechtslage, 1948, S. 133—146; *Berber,* Bd. II, S. 125; *Riklin,* Berlinproblem, S. 235.

[83] Unconditional Surrender, in: NJW 1947/48, S. 9 ff.

[84] L'occupation de l'Allemagne par les Puissances Alliées, in: Schweiz. Jahrb. für int. Recht, III (1946), S. 36 ff.

[85] So *Guggenheim,* Traité de droit international public, Bd. II, S. 464; *Castrén,* The Present Law of War and Neutrality, S. 214.

[86] So *Grewe,* Ein Besatzungsstatut für Deutschland, 1948, S. 106 ff.

[87] So z. B. *Kaufmann,* Deutschlands Rechtslage unter der Besatzung, 1948, S. 18.

[88] Verletzungen der HLKO enthielten z. B. die Anforderungen von Besatzungsleistungen für andere Zwecke als die Bedürfnisse des Besatzungsheeres (Art. 52 HLKO), die Ausübung des Beuterechts entgegen Art. 53 HLKO, die Mißachtung des Interventionsverbots gemäß Art. 43 HLKO.

[89] *Berber,* Bd. II, S. 126; *Stödter,* Deutschlands Rechtslage, 1948, S. 146.

wird. Unter Rechtsanwendung ist die Unterordnung von Tatsachen unter *geltendes* Recht zu verstehen. Das Verhalten der Besatzungsmächte ist also nach geltendem Völkerrecht zu beurteilen, nicht aber das geltende Völkerrecht dem Verhalten der Besatzungsmächte anzupassen.

Bis 1945 gab es nach geltendem Völkerrecht nur zwei Arten der kriegerischen Besetzung: die „occupatio bellica" der HLKO und die auf einer Vereinbarung zwischen Gebietsherrn und Besatzungsmacht beruhende kriegerische Besetzung[90].

Eine Vereinbarung über die Besetzung Deutschlands wurde zwischen den Alliierten und Deutschland nicht getroffen. Es gab auch kein dem Besatzungsrecht der HLKO entgegenstehendes Gewohnheitsrecht, auf das eine der nach 1945 von der Völkerrechtstheorie konstruierten neuen Arten der kriegerischen Besetzung[91] gestützt werden könnte. Verletzungen der HLKO durch die Besatzungsmächte vermögen daher ebenfalls kein stichhaltiges Argument gegen ihre Anwendung auf das besiegte Deutschland zu liefern[92].

Die Nichtanwendbarkeit der HLKO auf das Verhältnis zwischen den Siegermächten und Deutschland im Jahre 1945 soll sich endlich auch aus der in der Geschichte des Völkerrechts beispiellosen und deshalb von der HLKO nicht vorhersehbaren Lage ergeben, in der sich Deutschland damals befand[93].

Die Verfechter dieser Auffassung sehen die Einzigartigkeit der deutschen Lage nach der Kapitulation teils in dem Fehlen einer deutschen Regierung[94], teils in den damals herrschenden chaotischen Zuständen begründet, zu deren Beseitigung über den Rahmen der HLKO hinausgehende Maßnahmen erforderlich gewesen seien[95].

Aber auch diese Argumente vermögen nicht zu überzeugen: Würde allein durch den Fortfall der Regierung eines besetzten Staates die Anwendbarkeit der HLKO entfallen, so könnte sich jede Besatzungsmacht durch die Beseitigung der feindlichen Regierung von der Bindung an

---

[90] *Berber*, Bd. II, S. 127; *Riklin*, Berlinproblem, S. 235; *v. Liszt*, Das Völkerrecht systematisch dargestellt, 1925, S. 489.

[91] Vgl. oben S. 82.

[92] *Stödter*, a.a.O., S. 121—130; ebenso, wenn auch nicht ganz konsequent, *v. Schmoller-Maier-Tobler*, Handbuch des Besatzungsrechts, § 5, S. 8 f.

[93] *v. Mangoldt*, Grundsätzliches zum Neuaufbau einer deutschen Staatsgewalt, 1947, S. 9; *Sauser-Hall*, L'occupation de l'Allemagne par les Puissances Alliées, in: Schweiz. Jahrb. für int. Recht, III (1946), S. 36 f.; *Mann*, Deutschlands heutiger Status, in: SJZ 2 (1947), Sp. 472.

[94] So das Urteil im Nürnberger Juristen-Prozeß, in: Das Nürnberger Juristenurteil, Hamburg 1948, S. 14; *Cohn*, Zum rechtlichen Problem Deutschland, in: MDR 1 (1947), S. 178, 180.

[95] So das Nürnberger Juristenurteil, a.a.O., S. 14 und 18.

das allgemeine Kriegsvölkerrecht befreien[96]. Damit aber wäre die HLKO
ihrer Bedeutung beraubt.

Auch der Hinweis auf die nach der Kapitulation in Deutschland herrschenden angeblich von den Schöpfern der HLKO nicht vorhersehbaren
chaotischen Zustände ist nicht überzeugender. Zwar herrschten in
Deutschland im Jahre 1945 tatsächlich chaotische Zustände. Bei der Regelung des Besatzungsrechts in der HLKO sind derartige Zustände als
Folge einer kriegerischen Besetzung feindlichen Gebietes aber durchaus
berücksichtigt worden. Dies ergibt sich daraus, daß die Besatzungsmacht
gemäß Art. 43 HLKO verpflichtet ist, im besetzten Gebiet an Stelle der
feindlichen Regierung „alle von ihr abhängenden Vorkehrungen zu tref-
fen, um nach Möglichkeit die öffentliche Ordnung und das öffentliche
Leben wiederherzustellen und aufrechtzuerhalten". Die HLKO ist also
als Rechtsgrundlage für die Beseitigung chaotischer Zustände in besetztem Gebiet durch die Besatzungsmacht durchaus geeignet[97].

Zusammenfassend kann festgestellt werden, daß die HLKO auch auf
die nach der bedingungslosen Kapitulation im Jahre 1945 in Deutschland
herrschenden Verhältnisse anwendbar war[98].

γ) Originärer Erwerb der tatsächlichen militärischen Herrschaft
    in Berlin (West) durch die Westmächte

Die in der HLKO geregelte kriegerische Besetzung kann schließlich
— wie bereits erwähnt[99] — nur unter der weiteren Voraussetzung Entstehungsgrund für das Besatzungsrecht der Westmächte in Berlin (West)
sein, daß die Westmächte im Jahre 1945 die tatsächliche Herrschaft in
Berlin (West) durch die militärische Inbesitznahme der Westsektoren der
Stadt erlangt haben.

Ob diese Voraussetzung erfüllt ist, könnte deshalb zweifelhaft erscheinen, weil ganz Berlin im Mai 1945 zunächst allein von der Sowjetunion erobert und besetzt wurde. Erst nach längerem Zögern erklärte
sich die Sowjetunion in Erfüllung des am 12. 9. 1944 getroffenen Abkommens über die Besatzungszonen in Deutschland und die Verwaltung

---

[96] *Stödter*, Deutschlands Rechtslage, 1948, S. 163; *Mann*, Deutschlands heutiger Status, in: SJZ 2 (1947), Sp. 471; *Kelsen*, The Legal Status of Germany
according to the Declaration of Berlin, in: AJIL 37 (1945), S. 518.

[97] Ebenso das Obergericht des Kantons Zürich, Urteil vom 1. 12. 1945, in:
DRZ 2 (1947), S. 33.

[98] Entschließung der deutschen Völkerrechtslehrer auf der Hamburger Tagung vom 16./17. 4. 1947, in: JiaöR 5 (1948), S. 6; vgl. auch: *Berber*, Bd. II,
S. 125 ff.; *Laun*, HLKO, 5. Aufl. 1950, S. 108 ff.; *Stödter*, Deutschlands Rechtlage,
1948, S. 171.

[99] Vgl. oben S. 78.

von Groß-Berlin (Londoner Protokoll)[100] zu einer Räumung der West-
sektoren Berlins zum 1. 7. 1945 bereit. Nach erfolgter Räumung durch die
Sowjettruppen marschierten die Westmächte Anfang Juli 1945 in Berlin
(West) ein.

Aus diesem Sachverhalt könnte gefolgert werden, daß der originäre
Rechtstitel für die Besetzung Berlins allein bei der Sowjetunion liege
und es sich bei den Besatzungsrechten der Westmächte in Berlin (West)
um aus dem sowjetischen Besatzungsrecht abgeleitete Rechte handele.

Diese Folgerung ist jedoch aus den nachstehenden Gründen unzutreffend: Die HLKO knüpft die Besatzungsrechte an den Tatbestand der
Besetzung (Art. 42, 43 HLKO). Nach Art. 42 HLKO gilt ein Gebiet „als
besetzt, wenn es sich tatsächlich in der Gewalt des feindlichen Heeres befindet". Die Besatzungsrechte der Besatzungsmacht entstehen also mit
der Errichtung der tatsächlichen Gewalt auf feindlichem Gebiet und
erlöschen mit deren Aufgabe. Eine vertragliche Übertragung von Besatzungsrechten ist ausgeschlossen.

Hieraus ergibt sich für den Fall der Besetzung Berlins folgendes: Mit
der Räumung der Westsektoren Berlins durch ihre Truppen gab die
Sowjetunion ihre tatsächliche Gewalt über diesen Teil der Stadt auf, so
daß dort gleichzeitig ihre Besatzungsgewalt erlosch[101]. Mit dem anschließenden Einmarsch westlicher Truppen nach Berlin (West) errichteten
nunmehr die Westmächte die tatsächliche Herrschaft über dieses Gebiet.
Damit erwarben sie *originär* die von der HLKO an den Tatbestand der
Besetzung geknüpften Besatzungsrechte (Art. 42, 43 HLKO)[102].

Rechtsgrundlage des Besatzungsrechts der Westmächte in Berlin (West)
war daher *jedenfalls im Jahre 1945* die in der HLKO geregelte kriegerische Besetzung.

2. Kriegerische Besetzung gemäß der HLKO
unverändert Rechtsgrundlage des gegenwärtigen
Besatzungsrechts der Westmächte in Berlin (West)

Es erhebt sich die Frage, ob das Besatzungsrecht der Westmächte in
Berlin (West) *auch heute noch* aus dem völkerrechtlichen Titel der „occupatio bellica" abgeleitet werden kann.

Dies wäre nur unter zwei Voraussetzungen möglich: Einmal müßte der
Kriegszustand zwischen den Westmächten und Deutschland — jedenfalls

---

[100] Vgl. oben S. 28 ff.

[101] Ebenso: *Münch*, Die Freie Stadt, in: Die Friedenswarte, Bd. 55, 1959, S. 42;
Rauschning, Die Berlin-Frage im neueren Schrifttum, in: EA 1961, S. 666 f.;
Riklin, Berlinproblem, S. 237.

[102] *Rauschning*, a.a.O.; *Riklin*, a.a.O.

hinsichtlich der Besetzung von Berlin (West) — bis heute rechtlich fortbestehen; denn anderenfalls würde es sich bei der gegenwärtigen Besetzung von Berlin (West) durch die Westmächte um eine friedliche Besetzung handeln, auf die nicht Kriegs-, sondern Friedensvölkerrecht anzuwenden wäre[103]. Zum anderen dürfte der auf der militärischen Inbesitznahme der Westsektoren Berlins im Jahre 1945 beruhende ursprüngliche Besatzungstitel der Westmächte bis heute nicht durch ein vertragliches Stationierungsrecht ersetzt worden sein.

a) Rechtlicher Fortbestand des Kriegs- zustandes zwischen den Westmächten und Deutschland hinsichtlich der Besetzung von Berlin (West)

Wie bereits erwähnt[104], kann nach geltendem Völkerrecht der Kriegszustand *nur* durch die Vernichtung der staatlichen Existenz des Kriegsgegners, durch den Abschluß eines Friedensvertrages oder durch die
beiderseitige Einstellung der Feindseligkeiten, wenn zu ihr der mindestens stillschweigend zum Ausdruck gebrachte Wille der bisherigen
Gegner zur Kriegsbeendigung hinzutritt, beendet werden.

Da das Deutsche Reich bis heute fortbesteht[105] und auch ein Friedensvertrag mit Deutschland bisher nicht abgeschlossen wurde, so kann die
Beendigung des Kriegszustandes zwischen den Westmächten und Deutschland nur durch die beiderseitige Einstellung der Feindseligkeiten und das
Hinzutreten des mindestens stillschweigend zum Ausdruck gebrachten
Willens der bisherigen Gegner zur Beendigung des Kriegszustandes erfolgt sein.

Die Feindseligkeiten zwischen den Westmächten und Deutschland wurden bereits im Jahre 1945 eingestellt. Um das Kriegsende herbeizuführen,
bedurfte es aber — wie dargelegt[106] — darüber hinaus noch des übereinstimmend erklärten Kriegsbeendigungswillens beider Seiten. Dieser
Kriegsbeendigungsgrund stellt sich als völkerrechtlicher Vertrag dar[107, 108];
denn er beruht wie jeder andere völkerrechtliche Vertrag auf den über-

---

[103] Vgl. *Berber*, Bd. II, S. 125; *Riklin*, Berlinproblem, S. 286.

[104] Vgl. oben S. 78.

[105] Vgl. die Anmerkung in der Einleitung.

[106] Vgl. oben S. 78.

[107] *Strupp*, WbVR u. d. Diplomatie, Bd. I, S. 713; *Berber*, II, S. 101.

[108] Im Gegensatz zum Friedensvertrag wird hier jedoch keine ausdrück-
liche Neuordnung der gegenseitigen Beziehungen und durch den Krieg auf-
geworfenen Fragen vorgenommen, sondern nur übereinstimmend der Kriegs-
beendigungswille zum Ausdruck gebracht. Wird dieser Wille konkludent erklärt, so wird dieser Kriegsbeendigungsgrund zutreffend als „stillschweigen-
der Vertrag" bezeichnet (*Strupp* und *Berber*, a.a.O.).

einstimmenden ausdrücklichen oder konkludenten Willenserklärungen zweier oder mehrerer Völkerrechtssubjekte, welche die Begründung, Abänderung oder Aufhebung von Rechten und Pflichten zum Gegenstand haben.

In den Erklärungen der Westmächte aus dem Jahre 1951[109] zur Frage der Kriegsbeendigung könnte ein Angebot zum Abschluß eines Vertrages über die Kriegsbeendigung gelegen haben. Einer derartigen Auslegung dieser Erklärungen steht jedoch entgegen, daß es sich bei ihnen um interne Staatsakte handelte, die nicht auf die Beendigung des völkerrechtlichen Kriegszustandes mit Deutschland, sondern auf die Aufhebung der innerstaatlichen Kriegs- und Feindgesetzgebung in den alliierten Ländern gerichtet waren[110, 111]. Auch sonst ist der Wille zur Beendigung des Kriegszustandes nicht *ausdrücklich* erklärt worden.

Dieser Wille könnte aber *konkludent* zum Ausdruck gebracht worden sein:

In den Bonner Verträgen vom 26. 5. 1952 in der Fassung des Pariser Protokolls vom 23. 10. 1954[112] wurden die Beziehungen der Bundesrepu-

---

[109] Britische Note vom 9. 7. 1951, London Gazette No. 39279 vom 9. 7. 51 (Text auch bei *Mosler-Doehring*, S. 54 f.); Französisches Dekret Nr. 51—883 vom 9. 7. 51, Journal Officiel, 1951, S. 7502 (Text auch bei *Mosler-Doehring*, S. 40); „Joint Resolution" des amerik. Kongresses vom 19. 10. 51, Documents on American Foreign Relations, Vol. 13, 1951, S. 512 (Text auch bei *Mosler-Doehring*, S. 33).

[110] Dies ergibt sich für die britische Note vom 9. 7. 1951 daraus, daß zunächst im dritten Absatz vom Fortbestand des Kriegszustandes im innerstaatlichen Recht Großbritanniens die Rede ist und dann im fünften und sechsten Absatz der Note von der Beendigung des Kriegszustandes gesprochen wird, womit nur die Aufhebung der innerstaatlichen Kriegsgesetzgebung gemeint sein kann, von der vorher die Rede war;

für das französische Dekret vom 9. 7. 1951 ergibt sich dasselbe bereits aus seiner Bezeichnung als „Décret ... mettant fin aux conséquences de l'état de guerre en ce qui concerne le statut des ressortissants allemands en France";

für die „Joint Resolution" des amerikanischen Kongresses vom 19. 10. 1951 folgt dies daraus, daß eine amtliche Mitteilung an die Bundesregierung nicht erfolgte, was bei einem völkerrechtlich erheblichen Staatsakt zur Beendigung des Kriegszustandes bestimmt geschehen wäre.

[111] Ebenfalls eine rein innerstaatliche Maßnahme sehen in den Erklärungen der Westmächte von 1951: *Berber*, Bd. II, S. 102; *Riklin*, Berlinproblem, S. 286; *Schuster*, Deutschlands statliche Eaxistenz im Widerstreit politischer und rechtlicher Gesichtspunkte, 1963, S. 188 f.; *Scheuner*, Voraussetzungen und Verfahren der Wiedervereinigung Deutschlands, in: EA 1955, S. 8075; *derselbe*, Der fehlende Friede, in: Mensch und Staat in Recht und Geschichte, Festschrift für Herbert Kraus, 1954, S .196 f.; ebenso überwiegend in der amerikanischen Literatur: vgl. z. B.: *Kunz*, Ending war with Germany, in: AJIL 46 (1952), S. 114 ff.; *Quincy Wright*, The Status of Germany and the Peace Proclamation, in: AJIL 46 (1952), S. 299 ff.; die Juristen der amerikanischen Hohen Kommission, in: 8th Quarterly Report on Germany, July 1 — Sept. 30, 1951, S. 33 ff.; *a. A.: Mosler-Doehring*, S. 38 f. und 81 f. mit ausführlicher Darstellung dieses Fragenkreises und weiterer Literaturangaben; *Ottensooser*, Termination of War by Unilateral Declaration, in: BYIL 29 (1952), S. 435 ff.

[112] BGBl. II, 1955, S. 305 ff.; Text der Verträge auch in: Verträge der Bundesrepublik Deutschland, Serie A, Bd. 7 (1957), Nr. 62—68.

blik zur westlichen Welt neu geregelt. Das Besatzungsregime in der Bundesrepublik wurde mit dem Inkrafttreten dieser Verträge am 5. 5. 1955 aufgehoben. Der dadurch erloschene ursprüngliche Besatzungstitel der Westmächte wurde durch ein ebenfalls in den Pariser Verträgen vereinbartes Recht zur Stationierung von Truppen in Westdeutschland ersetzt. Die Bundesrepublik erlangte die Stellung eines souveränen Staates und wurde als gleichberechtigter Partner in die westliche Gemeinschaft aufgenommen.

In der durch diese Verträge geschaffenen Neuordnung der Beziehungen der Bundesrepublik zu den Westmächten in Verbindung mit der bereits in den Jahren vorher erfolgten weitgehenden Normalisierung der zwischenstaatlichen Beziehungen lag die *tatsächliche Wiederaufnahme der friedlichen Beziehungen* zwischen der Bundesrepublik Deutschland und den drei Westmächten. Damit haben sowohl die Westmächte als auch die als rechtmäßige Repräsentantin ganz Deutschlands handelnde Bundesrepublik[113] ihren Willen zur Beendigung des Kriegszustandes *konkludent* zum Ausdruck gebracht. Es lagen also die Voraussetzungen eines der drei genannten ausschließlichen Kriegsbeendigunggründe[114] vor.

Ob der Kriegszustand zwischen den Westmächten und Deutschland dadurch beendet wurde, könnte dennoch mit Rücksicht auf die Tatsache zweifelhaft sein, daß die tatsächliche Wiederaufnahme der friedlichen Beziehungen unter Vorbehalten erfolgte. So heißt es in Art. 4 des „Deutschlandvertrages"[115], der das Recht der Westmächte zur Stationierung von Truppen in Westdeutschland auf eine vertragliche Grundlage stellt, unter anderem:

„Die von den Drei Mächten bisher ausgeübten oder innegehabten und weiter beizubehaltenden Rechte in bezug auf die Stationierung von Streitkräften in Deutschland werden von den Bestimmungen dieses Artikels *nicht berührt, soweit sie für die Ausübung der im ersten Satz des Artikels 2 dieses Vertrages genannten Rechte erforderlich sind*[116]."

---

[113] Vgl. die Anmerkung in der Einleitung. — Daß auch die Westmächte die BRD als rechtmäßige Vertreterin ganz Deutschlands ansehen, haben sie u. a. in ihrer Erklärung auf der Londoner Neunmächtekonferenz vom 28. 9.—3. 10. 54 zum Ausdruck gebracht, in der es unter Ziff. 1 heißt, daß „sie die Regierung der BRD als die einzige deutsche Regierung betrachten, die frei und rechtmäßig gebildet und daher berechtigt ist, für Deutschland als Vertreterin des deutschen Volkes in internationalen Angelegenheiten zu sprechen" (zitiert nach DzB, Dok. Nr. 170).

[114] Vgl. dazu oben S. 78.

[115] Vertrag über die Beziehungen zwischen der BRD und den drei Mächten vom 26. 5. 52 in der durch das Pariser Protokoll vom 23. 10. 54 abgeänderten Fassung, in: BGBl. II, 1955, S. 305 ff.; Verträge d. BRD, Serie A, Bd. 7 (1957), Nr. 63.

[116] Hervorhebung durch den Verfasser.

Und in dem zitierten Artikel 2, Satz 1 des „Deutschlandvertrages" heißt es:

> „Im Hinblick auf die internationale Lage ... behalten die Drei Mächte die bisher von ihnen ausgeübten oder innegehabten *Rechte* und Verantwortlichkeiten *in bezug auf Berlin* ...[117]."

Die mit Billigung der Bundesrepublik[118] erfolgte Aufnahme dieser Vorbehalte in den „Deutschlandvertrag" bedeutete nichts anderes, als daß nach dem übereinstimmenden Willen der Vertragspartner für ihre Beziehungen „in bezug auf Berlin" der alte Rechtszustand aufrechterhalten, dieser Fragenkomplex also aus dem Geltungsbereich der Pariser Verträge ausgeklammert[119] und damit von der tatsächlichen Wiederaufnahme der friedlichen Beziehungen ausgenommen werden sollte[120]. Hieraus folgt, daß der mit der Wiederaufnahme der friedlichen Beziehungen konkludent zum Ausdruck gebrachte Wille zur Kriegsbeendigung *ebenfalls mit diesem Vorbehalt hinsichtlich Berlins behaftet war.*

Fraglich ist, ob eine Kriegsbeendigung mit einem derartigen Vorbehalt, also unter gleichzeitiger Aufrechterhaltung des Kriegszustandes für bestimmte Fragenkreise, nach geltendem Völkerrecht überhaupt möglich ist.

Nach der bis zur Jahrhundertwende in der Völkerrechtswissenschaft einhellig vertretenen Auffassung von der Einheitlichkeit des Rechtsinstituts „Kriegszustand" konnte dieser nur *einheitlich*, nicht aber teilweise beendet werden. Auf die Beendigung des Kriegszustandes zwischen den Westmächten und Deutschland angewendet würde diese Auffassung zu dem Ergebnis führen, daß infolge der bei der tatsächlichen Wiederaufnahme der friedlichen Beziehungen von den Westmächten gemachten Vorbehalte[121] der Kriegszustand bis heute in vollem Umfang fortbestünde.

Demgegenüber geht eine von der Völkerrechtswissenschaft entwickelte neuere Lehre von der Möglichkeit eines *stufenweisen* Abbaues des

---

[117] Text a.a.O.; Hervorhebung durch den Verfasser.

[118] Die Billigung der Vorbehalte durch die Bundesrepublik ergibt sich aus der Unterzeichnung der Pariser Verträge.

[119] Dazu, daß Berlin (West) nicht zum Geltungsbereich der Pariser Verträge gehört, vgl. statt aller: *Münch*, Die Freie Stadt, in: Die Friedenswarte, Bd. 55, 1959, S. 42.

[120] Dementsprechend steht Berlin auch bis heute unter einem besonderen Besatzungsstatut (zum grundsätzlichen Fortbestand des Besatzungsstatuts in Berlin (West) auch nach dem Inkrafttreten der Pariser Verträge am 5. 5. 1955 vgl. die Erklärung der Alliierten Kommandantur der Stadt Berlin vom 5. 5. 1955, in: Gesetz- und Verordnungsblatt für Berlin, 1955, S. 335; DzB, Dok. Nr. 194).

[121] Vgl. dazu Art. 2 des „Deutschlandvertrages" vom 23. 10. 1954, in: BGBl. 1955, II, S. 306.

Kriegszustandes aus[122]. Diese Auffassung würde auf das Verhältnis zwischen den Westmächten und Deutschland angewendet bedeuten, daß der Kriegszustand stufenweise in dem Umfang abgebaut wurde, in dem sich die Normalisierung der zwischenstaatlichen Beziehungen vollzog, daß aber der Kriegszustand insoweit *bis heute fortbesteht*, als seine rechtlichen Wirkungen durch Vorbehalte besonders aufrechterhalten worden sind[123]. Dies aber ist für die Beziehungen zwischen den Westmächten und Deutschland hinsichtlich der Besetzung Berlins ausdrücklich geschehen[124]. Welcher der beiden zur Beendigung des Kriegszustandes vertretenen Auffassungen der Vorzug zu geben ist, braucht hier nicht erörtert zu werden, da *beide* Auffassungen zu dem Ergebnis führen, daß der Kriegszustand zwischen den Westmächten und Deutschland *jedenfalls hinsichtlich der Besetzung von Berlin (West)* rechtlich als bis heute fortbestehend anzusehen ist.

Das Besatzungsrecht der Westmächte in Berlin (West) ist daher auch heute noch aus der in der HLKO geregelten „occupatio bellica" abzuleiten, falls es nicht inzwischen durch ein vertragliches Stationierungsrecht ersetzt worden ist[125].

b) Originärer Besatzungstitel der Westmächte in Berlin (West) aus dem Jahre 1945 nicht durch vertragliches Stationierungsrecht ersetzt

Aus den bereits auszugsweise zitierten Artikeln 2 und 4 des „Deutschlandvertrages"[126] ergibt sich, daß durch die in diesem Vertrage für die Bundesrepublik getroffene Regelung der Truppenstationierung die *außervertraglichen* Besatzungsrechte der Westmächte in Berlin (West) nicht berührt werden sollten.

Diese Auffassung wird auch von der Bundesregierung in Artikel 4 ihrer Begründung zum Gesetz über den „Deutschlandvertrag" vom 23. 10. 1954[127] vertreten, in dem es u. a. heißt:

---

[122] Vgl. z. B.: *Hudson*, The Duration of the War between the United States and Germany, in: Harvard Law Review, Bd. 39 (1926), S. 1020 ff., 1029 ff.; *Strupp-Schlochauer*, WbVR, Bd. II, S. 333 ff.; *Mosler-Doehring*, Die Beendigung des Kriegszustandes mit Deutschland nach dem 2. Weltkrieg, 1963, S. 454 ff., insbesondere S. 483 ff.

[123] Vgl. dazu *Strupp-Schlochauer*, WbVR, Bd. II, S. 334, Stichwort: Kriegsende, Ziff. 2 a. E., wo ebenfalls davon ausgegangen wird, daß eine Kriegsbeendigung unter Vorbehalt den Kriegszustand für den vorbehaltenen Fragenkreis andauern läßt.

[124] Vgl. Art. 2 des „Deutschlandvertrages" vom 23. 10. 1954, a.a.O.

[125] Vgl. oben S. 85 f.

[126] Vgl. oben S. 88 f.

[127] Text in: 2. BT Drucksache, Anlagenband 32, 1954, Drucksache 1000, S. 38; DzB, Dok. Nr. 172.

„Die vertragliche Fundierung des Rechts zur Stationierung von Streitkräften trägt der in Artikel 1 Absatz 2 definierten Rechtsstellung der
Bundesrepublik als eines souveränen Staates Rechnung. *Durch diese
vertragliche Fundierung sollen jedoch die 1945 für ganz Deutschland
begründeten außervertraglichen Stationierungsrechte insoweit nicht
berührt werden, als ihr Bestehen für die Ausübung der alliierten
Rechte in bezug auf Berlin und Deutschland als Ganzes unentbehr-
lich ist*[128]."

Auch die Westmächte haben nie daran gedacht, ihre in Berlin (West)
ausgeübten *originären* Besatzungsrechte durch die Pariser Verträge auf
eine *vertragliche* Rechtsgrundlage zu stellen. Dies ergibt sich aus einer
großen Anzahl von offiziellen Stellungnahmen aus der Zeit *nach* Abschluß der Pariser Verträge, in denen die Westmächte immer wieder
betonten, daß ihre Besatzungsrechte in Berlin auf den Ereignissen des
Jahres 1945 und nicht auf irgendwelchen Verträgen beruhen[129].

Die Annahme, das Besatzungsrecht der Westmächte in Berlin (West)
sei durch den Abschluß der Pariser Verträge auf eine neue Rechtsgrundlage gestellt worden, würde also gegen den ausdrücklich erklärten Willen
sowohl der Bundesrepublik Deutschland als auch der Westmächte ver-
stoßen.

Auch eine andere das Besatzungsrecht der Westmächte in Berlin (West)
auf eine neue Grundlage stellende Vereinbarung zwischen den Westmächten und Deutschland wurde nicht getroffen.

Zusammenfassend kann daher festgestellt werden, daß das Besatzungsrecht der Westmächte in Berlin (West) weder auf der bedingungslosen
Kapitulation von 1945, noch auf einer „debellatio" Deutschlands im
Jahre 1945, noch auf Vereinbarungen zwischen den Alliierten oder zwischen den Westmächten und Deutschland, *sondern auf dem im Jahre 1945
verwirklichten Tatbestand der in der HLKO geregelten kriegerischen
Besetzung beruht*[130].

---

[128] Hervorhebung durch den Verfasser.

[129] Vgl. dazu z. B.: Erklärung eines Sprechers des britischen Außenministeriums vom 10. 11. 1958 zur Chruschtschowrede, in: DzB, Dok. Nr. 237; Erklärung des amerikanischen Außenministeriums vom 13. 11. 1958 zur Chruschtschowrede, in: DzB, Dok. Nr. 239; Note der Regierung der USA vom 31. 12.
1958 an die Regierung der SU zur Lage Berlins, in: DzB, Dok. Nr. 249; Note
der Regierung der Französischen Republik vom 31. 12. 1958 an die Regierung
der SU zur Lage Berlins, in: DzB, Dok. Nr. 250; Note Großbritanniens vom
31. 12. 1958 an die SU, in: DzB, Dok. Nr. 251; Erklärung des amerikanischen
Außenministers Herter vom 10. 6. 1959, in: DzB, Dok. Nr. 269; Note der USA an
die SU vom 17. 7. 1961, in: DzB, Dok. Nr. 283.

[130] Im Ergebnis ebenso: *Grewe*, Deutsche Außenpolitik der Nachkriegszeit,
1960, S. 252; *Schüle*, Berlin als völkerrechtliches Problem, in: Berlin in Vergangenheit und Gegenwart, 1961, S. 133; *Rauschning*, Die Berlin-Frage im

3. Kein Durchflugrecht der Westmächte
durch das sowjetisch besetzte Gebiet auf Grund
der „occupatio bellica" in Berlin (West)

Nachdem geklärt ist, auf welchem völkerrechtlichen Titel das Besatzungsrecht der Westmächte in Berlin (West) beruht, kann nun die oben[131] gestellte Ausgangsfrage beantwortet werden, ob sich das Recht der Westmächte, auf dem Weg nach Berlin sowjetisch besetztes Gebiet zu durchfliegen, aus ihrem Besatzungsrecht *in* Berlin (West) ableiten läßt.

Mit der Besetzung feindlichen Gebietes, d. h. gemäß Art. 42 HLKO mit der Erlangung der tatsächlichen Gewalt des feindlichen Heeres über dieses Gebiet, geht die „gesetzmäßige Gewalt" auf die Besatzungsmacht über[132]. Dies bedeutet, daß das Recht zur tatsächlichen *Ausübung* der seiner Substanz nach weiterhin dem besetzten Staat zustehenden Gebietshoheit auf die Besatzungsmacht übergeht[133]; vielfach allerdings nur innerhalb gesetzlich bestimmter oder vertraglich vereinbarter Schranken[134], indem mehr oder minder große Ausschnitte aus der Hoheitsmacht dem besetzten Land überlassen bleiben. Dieses in der HLKO an den Tatbestand der kriegerischen Besetzung geknüpfte Recht der Besatzungsmacht zur Ausübung der Gebietshoheit — und damit auch das Recht zur Ausübung der einen Bestandteil der Gebietshoheit bildenden Luft-

---

neueren Schrifttum, in: EA 1961, S. 666 f.; *Faust*, Die völkerrechtliche Beurteilung der Berlin-Frage, in: Wehrwissenschaftliche Rundschau, 1963, S. 524; *Riklin*, Berlinproblem, 1964, S. 237.

[131] Vgl. oben S. 70.

[132] Die an den Tatbestand der Besetzung geknüpfte Rechtsfolge des Übergangs der „gesetzmäßigen Gewalt" auf die Besatzungsmacht ist in Art. 42 HLKO zwar nicht ausdrücklich erwähnt, ergibt sich aber aus dem Wortlaut von Art. 43 HLKO, der mit den Worten beginnt: „Nachdem die gesetzmäßige Gewalt tatsächlich in die Hände des Besetzenden übergegangen ist, hat dieser ..."

[133] So die überwiegende Meinung, vgl. statt aller *Dahm*, Bd. I, S. 544. Im Anschluß an *Verdross* (VR, 4. Aufl. 1959, S. 203 ff.) wird heute verschiedentlich zwischen der „territorialen Souveränität" als dem umfassenden Recht eines Staates, in beliebiger Weise über sein Staatsgebiet zu verfügen, und der „Gebietshoheit" als dem Recht zur *tatsächlichen Ausübung* der Hoheitsgewalt unterschieden (vgl. z. B.: *Seidl-Hohenveldern*, VR, 1965, S. 168; *Schüle*, Berlin als völkerrechtliches Problem, in: Berlin in Vergangenheit und Gegenwart, 1961, S, 127). Nach dieser Auffassung ginge die „Gebietshoheit" also mit der Besetzung auf die Besatzungsmacht über.
Diese Bezeichnungsweise erscheint jedoch wenig glücklich. Das Wort „territorium" ist die Übersetzung von „Gebiet", so daß schon sprachlich kein begrifflicher Unterschied zwischen „territorialer Hoheitsgewalt" und „Gebietshoheit" besteht. Es dürfte darüber hinaus auch kaum möglich sein, die „Gebietshoheit" als die Ausübung einer anderen Hoheitsgewalt anzusehen.

[134] Vgl. z. B. die Art. 44—56 HLKO; ferner das IV. Genfer Abkommen vom 12. 8. 1949 zum Schutze von Zivilpersonen in Kriegszeiten (BGBl. 1954, II, S. 917 ff.).

hoheit[135] — *ist aber auf das tatsächlich besetzte Gebiet beschränkt,*
Art. 42 HLKO[136].

Ein Recht der Westmächte, auf dem Wege nach Berlin das *außerhalb*
der Westsektoren Berlins gelegene sowjetisch besetzte Gebiet zu durchfliegen, läßt sich daher aus ihrem Besatzungsrecht *in* Berlin (West) im
Verhältnis zu Deutschland nicht ableiten[137].

III. Durchflugrecht der Westmächte durch sowjetisch besetztes Gebiet auf Grund eines bereits 1945 entstandenen Besatzungsrechts in den Luftkorridoren nach Berlin und dem außerhalb der Westsektoren Berlins gelegenen Teil der Kontrollzone um Berlin

Von den Westmächten und verschiedentlich auch im Schrifttum wird
die Auffassung vertreten, daß es sich beim Durchfliegen der Luftkorridore nach Berlin und des außerhalb der Westsektoren Berlins gelegenen
Teile der Luftkontrollzone um Berlin um die Ausübung von im Jahre
1945 entstandenem bis heute fortbestehendem Besatzungsrecht handele.

So heißt es in dem Memorandum des US-State Department vom 20. 12.
1958[138]:

„Ferner ist das Recht der drei Westmächte auf freien Zugang nach
Berlin . . . vom gleichen Rang wie das Besatzungsrecht selbst."

Weiter heißt es in der Note der Regierungen der drei Westmächte an
die sowjetische Regierung vom 8. 9. 1961 zur Frage der Luftkorridore[139]:

„Die Rechte in bezug auf den Zugang auf dem Luftwege nach Berlin
haben genau denselben Ursprung wie die Rechte der Sowjetunion in

---

[135] Die Lufthoheit bildet nach heute unbestrittener Auffassung einen Be-
standteil der Gebietshoheit. Vgl. dazu insbesondere *A. Meyer,* Freiheit der
Luft als Rechtsproblem, 1944, S. 91 ff. (besonders S. 92 und das dort zitierte
Schrifttum); ferner: *Riese,* Luftrecht, 1949, S. 74 ff.; *Verdross,* VR, 4. Aufl. 1959,
S. 210; *Berber,* Bd. I, S. 333; *Oppenheim-Lauterpacht,* Bd. I, 1955, S. 523; vgl.
auch Art. 1 des Pariser Luftverkehrsabkommens vom 13. 10. 1919 (Text bei
A. Meyer, a.a.O., S. 272), sowie Art. 1 des Abkommens von Chicago über die
internationale Zivilluftfahrt vom 7. 12. 1944 (Wortlaut in: BGBl. 1956, II, S. 411;
A. Meyer, Internationale Luftfahrtabkommen, Bd. I, 1953, S. 37; Bd. III, 1957,
S. 55).
[136] *Meurer,* Die völkerrechtliche Stellung der vom Feind besetzten Gebiete,
in: Archiv des öffentlichen Rechts, Bd. 33, S. 365; *Verdross,* VR, 4. Aufl. 1959,
S. 381; *Berber,* Bd. II, S. 129.
[137] Insoweit a. A. z. B.: *Grewe,* Deutsche Außenpolitik der Nachkriegszeit,
1960, S. 136; *Riklin,* Berlinproblem, S. 264; *Faust,* Die völkerrechtliche Beurteilung der Berlin-Frage, in: Wehrwissenschaftliche Rundschau, 1963, S. 531, die
alle die —nicht näher begründete — Behauptung aufstellen, das Recht der
Westmächte, auf dem Wege nach Berlin sowjetisch besetztes Gebiet zu durchfliegen, ergebe sich aus ihrem Besatzungsrecht *in* Berlin.
[138] Text in: *Siegler,* Bd. II, S. 63.
[139] DzB, Dok. Nr. 356.

Ostdeutschland und Ost-Berlin, sie stammen nämlich *aus dem gemeinsamen militärischen Sieg über das Deutsche Reich und der gemeinsamen Übernahme der höchsten Autorität über Deutschland*[140]."

Aus dem Schrifttum ist u. a. *Legien*[141] zu erwähnen, bei dem es heißt:

> „Bei dem Recht, mit dem sie (die Westmächte, der Verf.) seit 1945 über sowjetzonales Terrritorium hinweg ihren Zugang nach Berlin nehmen, handelt es sich im Verhältnis zur Sowjetzone selbst um das vom Völkerrecht anerkannte *Besatzungsrecht* des Siegers."

Und an einer anderen Stelle führt derselbe Verfasser aus[142]:

> „Ein Ende kann das von den Westmächten mit dem Zugang nach Berlin in Anspruch genommene *Besatzungsrecht* nur dadurch finden, daß sie es selbst aufgeben[143]."

Endlich betont auch *Kreutzer*[144]:

> „Die UdSSR kann in und gegenüber der Zone nur über ihre eigenen Besatzungsbefugnisse verfügen, auch hinsichtlich der Verkehrsverbindungen, nicht aber über *Besatzungsbefugnisse der drei Westmächte*, die sich gegenüber der DDR in den Transitrechten darstellen[145]."

Zur Beantwortung der Frage, ob den Westmächten gegenüber Deutschland ein Besatzungsrecht zustehen kann, auf Grund dessen sie zum Durchfliegen der Luftkorridore nach Berlin und des außerhalb der Westsektoren von Berlin gelegenen Teils der Luftkontrollzone um Berlin berechtigt sind, ist von der in der HLKO von 1907[146] getroffenen bis heute geltenden Regelung des Besatzungsrechts auszugehen.

Wie sich aus der Überschrift des Abkommens ergibt, bezieht sich diese Regelung jedoch nur auf die Besetzung eines bestimmten *Landgebietes*. Ein sich aus der Beherrschung von *Lufträumen* ergebendes Besatzungsrecht, unabhängig von der Besetzung des darunter befindlichen Landgebietes, kennt die HLKO nicht und konnte in ihr auch nicht geregelt werden; denn zur Zeit ihrer Entstehung gab es noch keinen Luftverkehr.

Als Voraussetzung für die Besetzung eines bestimmten *Landgebietes*

---

[140] Hervorhebung durch den Verfasser.
[141] *Legien*, Die Viermächtevereinbarungen über Berlin, 2. Aufl. 1961, S. 38.
[142] *Legien*, a.a.O., S. 39.
[143] Hervorhebungen durch den Verfasser.
[144] *Kreutzer*, West-Berlin. Stadt und Land, in: Berlin — Brennpunkt deutschen Schicksals, S. 68 f.
[145] Hervorhebung durch den Verfasser.
[146] Vgl. oben S. 77.

— und damit auch für das an den Tatbestand der Besetzung geknüpfte Besatzungsrecht in diesem Gebiet — bestimmt Art. 42 HLKO, daß der Besetzende dort die tatsächliche Gewalt ausübt. Da das unterhalb der Luftkorridore und des nicht über den Westsektoren von Berlin gelegenen Teils der Luftkontrollzone befindliche Landgebiet nicht von den Westmächten besetzt ist, so könnte ihnen das Recht zum Durchfliegen der genannten Lufträume auf Grund eines Besatzungrechtes im Sinne der HLKO nur zustehen, *wenn sie erstens in diesen Lufträumen eine tatsächliche Luftherrschaft ausübten und wenn zweitens die für die Landbesetzung geschaffene Regelung des Art. 42 HLKO, nach der das Besatzungsrecht an den Tatbestand der Besetzung geknüpft ist[147], entsprechend auf diese Luftherrschaft anwendbar wäre.*

1. Tatsächliche Herrschaftsausübung der Westmächte in den Luftkorridoren nach Berlin und dem außerhalb der Westsektoren der Stadt gelegenen Teil der Luftkontrollzone um Berlin

Der Umstand, daß die fraglichen Lufträume über sowjetisch besetztem Gebiet liegen, legt zunächst die Vermutung nahe, daß hier wie auch im übrigen Luftraum über dem sowjetisch besetzten Gebiet in Deutschland die tatsächliche Herrschaft allein von der Sowjetunion ausgeübt werde und die Westmächte nur auf Grund eines sowjetischen Zugeständnisses zum Befliegen der Luftwege nach Berlin berechtigt seien. Diese Vermutung wird aber durch die tatsächlichen Gegebenheiten in den bezeichneten Lufträumen widerlegt: Die Sowjetunion hat niemals seit der im Juli 1945 abgeschlossenen Besetzung der ihr im Londoner Protokoll von 1944 zugewiesenen Besatzungsräume[148] in den von den Westmächten im Berlinverkehr beflogenen Lufträumen über sowjetzonalem Gebiet die alleinige Herrschaftsgewalt ausgeübt. Ihre sich grundsätzlich auch auf diese Lufträume erstreckende Besatzungsgewalt[149] fand ihre Grenze immer an der dort von den Westmächten Anfang Juli 1945 gleichzeitig mit ihrem Einmarsch in Berlin durch die Aufnahme eines intensiven militärischen Luftverkehrs nach Beriln[150] errichteten Luftherrschaft. Der von den Westmächten im Juli 1945 nach Berlin aufgenommene Luftverkehr wurde seitdem in ständig verstärktem Maße ohne jede Unterbrechung bis heute durchgeführt. Daß es sich bei diesem Luftverkehr tatsächlich um eine militärische Herrschaftsausübung der Westmächte in den dabei beflogenen Lufträumen über sowjetzonalem Gebiet und nicht

---

[147] Vgl. dazu oben S. 92, Anm. 132.
[148] Vgl. oben S. 28 ff.
[149] Dazu, daß sich die Besatzungsgewalt grundsätzlich auch in den Luftraum über dem besetzten Gebiet erstreckt, vgl. oben S. 92 f.
[150] Vgl. oben S. 16, Anm. 12.

etwa nur um eine auf Grund sowjetischer Duldung vorgenommene
Benutzung sowjetisch beherrschter Lufträume handelte und noch handelt, wird durch nichts besser bewiesen, als durch die in den letzten 20
Jahren von der Sowjetunion unternommenen vergeblichen Anstrengun-
gen zur Unterbrechung des westlichen Luftverkehrs nach Berlin[151]. Nach-
drücklicher als durch die unter Einsatz der Luftmacht der Westmächte
erfolgte Zurückweisung der sowjetischen Angriffe auf ihren Luftverkehr
nach Berlin[152] hätte die Tatsache nicht bewiesen werden können, daß auch
die Westmächte in den von ihnen im Berlinverkehr beflogenen Lufträumen über sowjetisch besetztem Gebiet neben der Sowjetunion[153] eine
effektive Luftherrschaft ausüben.

2. Entsprechende Anwendung des Art. 42 HLKO auf die von den Westmächten ausgeübte Luftherrschaft in den im Berlinverkehr beflogenen über sowjetisch besetztem Gebiet gelegenen Lufträumen

Während die Sowjetunion gegenüber Deutschland schon auf Grund
ihres Besatzungsrechtes in Mitteldeutschland zum Befliegen der Luftkorridore nach Berlin und des außerhalb der Westsektoren Berlins gelegenen Teils der Luftkontrollzone um Berlin berechtigt ist, steht den
Westmächten — wie bereits erwähnt[154] — dasselbe Recht nur zu, wenn
Art. 42 HLKO, der das Besatzungsrecht in einem bestimmten *Land*gebiet
an die Ausübung der tatsächlichen Herrschaft in diesem Gebiet knüpft[155],
auf die in den genannten *Luft*räumen von den Westmächten ausgeübte
tatsächliche Luftherrschaft *entsprechend* anwendbar ist.

Auch im Völkerrecht ist die Analogie grundsätzlich zulässig[156]. Unter
Analogie wird allgemein die ausdehnende Anwendung einer Regelung
auf rechtsähnliche Fälle verstanden[157]. Als ein solcher der Besetzung
eines Landgebietes im Sinne der HLKO rechtsähnlicher Fall dürfte sich
aber die Luftherrschaft der Westmächte in den genannten Lufträumen
darstellen; denn ebenso wie gemäß Art. 42 HLKO ein Landgebiet als
besetzt gilt, wenn es sich tatsächlich in der Gewalt des feindlichen Heeres
befindet, muß ein Luftraum als „besetzt" gelten, wenn er von einer frem-
den Luftmacht beherrscht wird. Dies ist aber bezüglich der von den

---

[151] Vgl. dazu im einzelnen oben S. 18—27.

[152] Vgl. Anm. 151.

[153] Mehrere Staaten können gemeinsam ein Gebiet beherrschen, vgl. *Verdross*, VR, 5. Aufl. 1964, S. 297 f.

[154] Vgl. oben S. 95.

[155] Vgl. oben S. 77, Anm. 55 i. V. m. S. 92, Anm. 132.

[156] Vgl. z. B.: *Dahm*, Bd. I, S. 46; *Verdross*, VR, 4. Aufl. 1959, S. 116.

[157] Vgl. z. B. *Enneccerus-Kipp-Wolf*, Lehrbuch des Bürgerlichen Rechts,
Bd. I, 1959, § 58, II, 1.

Westmächten im Berlinverkehr beflogenen Lufträume über sowjetisch besetztem Gebiet der Fall, in denen — wie bereits dargelegt[158] — die Westmächte seit 1945 eine tatsächliche Luftherrschaft ausüben.

Einer entsprechenden Anwendung des Art. 42 HLKO auf die in den fraglichen Lufträumen von den Westmächten ausgeübte Luftherrschaft steht nicht entgegen, daß es sich bei dieser Vorschrift um eine solche des *Kriegsvölkerrechts* handelt; denn die Westmächte haben sich bei der tatsächlichen Wiederaufnahme der friedlichen Beziehungen zu Deutschland[159] u. a. auch die „bisher von ihnen ausgeübten oder innegehabten *Rechte* und Verbindlichkeiten *in bezug ... auf Deutschland als Ganzes* ..." vorbehalten[160], zu denen auch ihr Recht auf Durchführung von Luftverkehr zwischen Berlin und Westdeutschland zählt[161]. Der Kriegszustand ist daher nach den oben[162] zur Frage der Kriegsbeendigung unter Vorbehalt gemachten Ausführungen rechtlich auch hinsichtlich des Luftverkehrs der Westmächte nach Berlin bis heute als fortbestehend anzusehen, so daß insoweit nach wie vor Kriegsvölkerrecht Anwendung findet.

Auch die von der herrschenden Staats- und Völkerrechtslehre mit Recht vertretene Auffassung, daß die von einem Staat innerhalb seines Staatsgebietes ausgeübte Staatsgewalt (Gebietshoheit) immer eine *unteilbare* sich gleichmäßgi auf sein Landgebiet, sein Wassergebiet und auf den darüber befindlichen Luftraum erstreckende Hoheitsgewalt sei[163], steht einer entsprechenden Anwendung des Art. 42 HLKO auf die in den Luftkorridoren und dem außerhalb der Westsektoren von Berlin gelegenen Teil der Luftkontrollzone ausgeübte Luftherrschaft der Westmächte nicht entgegen. Wie erwähnt[164] geht mit der Besetzung eines Gebietes nur das Recht auf *Ausübung* der seiner Substanz nach bei dem besetzten Staat verbleibenden Gebietshoheit auf die Besatzungsmacht über[165]. Eine

---

[158] Vgl. oben S. 95 f.

[159] Vgl. oben S. 88.

[160] Vgl. Art. 2 des „Deutschlandvertrages" vom 23. 10. 1954, in: BGBl. 1955, II, S. 305.

[161] Daß der Luftverkehr zwischen den verschiedenen Besatzungsgebieten in Deutschland von den Alliierten immer als eine „Deutschland als Ganzes" betreffende Frage angesehen wurde, ergibt sich daraus, daß dieser Luftverkehr von dem für „Deutschland als Ganzes betreffende Angelegenheiten" zuständigen Kontrollrat (Art. 1 des Londoner Abkommens über die Kontrolleinrichtungen in Deutschland vom 14. 11. 1944; vgl. oben S. 17, Anm. 13) oder den von ihm dazu bevollmächtigten alliierten Organen geregelt wurde; vgl. auch *Riklin*, Zur Frage des Luftverkehrs zwischen Westdeutschland und Berlin, in: Moderne Welt, 1961/62, S. 302.

[162] Vgl. oben S. 88 ff.

[163] So insbesondere A. *Meyer*, Freiheit der Luft als Rechtsproblem, 1944, S. 91 ff., 113 f., 122 mit vielen weiteren Nachweisen.

[164] Vgl. oben S. 92.

[165] Vgl. Anm. 164.

entsprechende Anwendung des Art. 42 HLKO auf die in den genannten Lufträumen von den Westmächten ausgeübte Luftherrschaft würde also keine Teilung der nach wie vor dem Deutschen Reich zustehenden Gebietshoheit, sondern nur den Übergang des Rechts auf *Ausübung* der Gebietshoheit in diesen Lufträumen auf die Westmächte bedeuten. Daß aber die *Ausübung* der Staatsgewalt (Gebietshoheit) auf dem Landgebiet und in dem darüber befindlichen Luftraum verschiedenartig gestaltet sein kann, ist allgemein anerkannt[166].

Endlich steht auch die Tatsache, daß Art. 42 HLKO eine Vorschrift des *Land*kriegsrechts ist, während es sich bei der Luftherrschaft der Westmächte in den fraglichen Lufträumen um einen Tatbestand des *Luft*krieges handelt[167], einer entsprechenden Anwendung dieser Vorschrift auf die Luftherrschaft der Westmächte nicht entgegen.

Die herkömmliche Unterteilung des Kriegsvölkerrechts in Land-, See- und Luftkriegsrecht scheint zwar zunächst gegen die Möglichkeit einer solchen Analogie zu sprechen. Jedoch ist folgendes zu berücksichtigen: Die genannte Unterteilung des Kriegsrechts beruht auf der Einteilung der verschiedenen Arten des Krieges nach den verwendeten Kriegsmitteln (Landstreitkräfte, Seestreitkräfte, Luftstreitkräfte). Diese Einteilung ist aber durch die kriegstechnische Entwicklung insbesondere der letzten 30 Jahre weitgehend überholt. In einer modern gegliederten Armee enthält heute jede der drei herkömmlichen Waffengattungen Elemente von mindestens einer der beiden anderen. So hat die Marine eine eigene Marineluftwaffe und Marineinfanterie, beim Heer gibt es Heeresflieger und bei der Luftwaffe Fallschirmjäger. Alle drei Waffengattungen können endlich mit interkontinentalen Raketen ausgerüstet sein. Aus dieser Verzahnung der Kriegsmittel innerhalb der einzelnen Waffengattungen ergibt sich eine Vielzahl von Überschneidungen des Land-, See- und Luftkriegsrechts, die eine Aufrechterhaltung der Unterordnung kriegsrechtlich zu beurteilender Vorgänge unter eine der drei Arten des Kriegsvölkerrechts ausschließlich nach der Art der zum Einsatz gekommenen Kriegsmittel ausgeschlossen erscheinen läßt.

Vielmehr ist die herkömmlicherweise einer bestimmten Waffengattung vorbehaltene Art des Kriegsvölkerrechts, soweit dies möglich erscheint, auch dann *entsprechend* anzuwenden, wenn im Rahmen der Kriegführung dieser Waffengattung nach herkömmlicher Auffassung ihr nicht zu-

---

[166] Vgl. dazu *A. Meyer*, Freiheit der Luft als Rechtsproblem, 1944, S. 111 ff. mit einer Reihe von Beispielen.

[167] Die Luftherrschaft der Westmächte in den im Berlinverkehr beflogenen Lufträumen über sowjetisch besetztem Gebiet wird nur durch Militärflugzeuge gewährleistet. Dazu, daß auf diese Luftherrschaft bis heute Kriegsvölkerrecht Anwendung findet, vgl. oben S. 97.

gehörige Kriegsmittel zum Einsatz kommen, *wie dies beispielsweise beim Einsatz von den Landstreitkräften zugeteilten taktischen Luftwaffeneinheiten zur Unterstützung von Operationen auf der Erde der Fall ist*[168].

Um einen solchen „akzessorischen" Einsatz westlicher Luftwaffeneinheiten handelt es sich bei den im Berlinverkehr eingesetzten Militärflugzeugen der Westmächte. Diese Maschinen führen keine selbständigen strategischen Aufträge durch, sondern haben die Aufgabe, die von den Landstreitkräften der Westmächte in Berlin (West) durchgeführte kriegerische Besetzung durch Freihaltung der Luftverbindung nach Westdeutschland zu unterstützen.

Aus allem folgt, daß es sich bei der in den Luftkorridoren nach Berlin und in dem außerhalb der Westsektoren Berlins gelegenen Teil der Luftkontrollzone von den Westmächten ausgeübten tatsächlichen Luftherrschaft um einen mit der Besetzung im Sinne der HLKO vergleichbaren Tatbestand handelt, auf den Art. 42 HLKO entsprechend anwendbar ist.

3. Ergebnis

Zusamenfasesnd kann daher festgestellt werden, daß sich für die Westmächte aus der von ihnen in den Luftkorridoren nach Berlin und in dem außerhalb der Westsektoren Berlins gelegenen Teil der Luftkontrollzone um Berlin ausgeübten tatsächlichen Luftherrschaft im Wege einer entsprechenden Anwendung des Art. 42 HLKO ein Besatzungsrecht in diesen Lufträumen ergibt, auf Grund dessen ihnen das Recht auf einen ungehinderten Durchflug durch diese Lufträume zusteht.

B. Das Recht der Westmächte auf Durchflug durch die von ihnen besetzten Westsektoren von Berlin

Für die Bejahung des Zugangsrechts der Westmächte nach Berlin gegenüber Deutschland ist — wie bereits erwähnt[169] — weiter ein Durchflugrecht der Westmächte durch den Luftraum über Berlin (West) erforderlich.

Da die Lufthoheit nach heute unbestrittener Auffassung ein Bestandteil der Gebietshoheit ist[170], so steht der Besatzungsmacht auf Grund ihres Rechts zur Ausübung der Gebietshoheit im besetzten Gebiet auch das Recht auf Ausübung der Lufthoheit im Luftraum über diesem Ge-

---

[168] Ebenso *Strupp-Schlochauer*, WbVR, Bd. II, S. 439, Stichwort: Luftkriegsrecht, 2.).

[169] Vgl. oben S. 67 unter Abschnitt 1.

[170] Vgl. oben S. 93, Anm. 135.

biet und damit das Recht zum Befliegen dieses Luftraumes zu. Hieraus folgt, daß die Westmächte als Besatzungsmächte in Berlin (West) auch gegenüber Deutschland zum Befliegen des über den Westsektoren der Stadt gelegenen Luftraumes berechtigt sind.

C. Das Recht der Westmächte auf Durchflug durch den unbesetzten Teil Deutschlands

Ein Zugangsrecht der Westmächte im Verhältnis zu Deutschland setzt endlich noch ein Durchflugrecht der Westmächte durch den auf dem Wege nach Berlin zu durchquerenden unbesetzten Teil Deutschlands voraus[171].

Mit der Aufhebung des Besatzungsregimes in Westdeutschland am 5. 5. 1955[172] erlosch die den Westmächten bis dahin in ihren Besatzungszonen zustehende Besatzungsgewalt; denn nach der HLKO ist die Besatzungsgewalt an den Tatbestand der Besetzung geknüpft. Hieraus folgt, daß sich die Westmächte für ihren Luftverkehr nach Berlin, soweit er durch den Luftraum ihrer ehemaligen Besatzungszonen in Westdeutschland führt, seit dem 5. 5. 1955 nicht mehr auf das Besatzungsrecht berufen können.

Das Recht der Westmächte, auf dem Wege nach Berlin westdeutsches Gebiet zu überfliegen, wurde jedoch gleichzeitig mit dem infolge des Inkrafttretens der Pariser Verträge am 5. 5. 1955 eintretenden Untergang ihres Besatzungsrechts auf eine neue Rechtsgrundlage gestellt: So heißt es in dem sogenannten Überleitungsvertrag[173], der einen Bestandteil der Pariser Verträge bildet, in Teil XII, Art. 5, Absatz 1:

„Bei der Ausübung ihrer Verantwortlichkeit in bezug auf Berlin werden die Drei Mächte weiterhin jeden Luftverkehr *nach und von den Berliner Luftschneisen* regeln, die von der alliierten Kontrollbehörde festgelegt wurden. Die Bundesrepublik verpflichtet sich, diesen Verkehr in jeder Weise auf einer Grundlage zu unterstützen, die nicht ungünstiger ist, als die beim Inkrafttreten dieses Vertrages bestehende Grundlage; *sie verpflichtet sich, den uneingeschränkten und unbehinderten Durchflug der Luftfahrzeuge der Drei Mächte durch ihren Luftraum auf dem Wege nach und von Berlin zu erleichtern und zu unterstützen.* Sie ist bereit, alle erforderlichen technischen Landungen dieser Luftfahrzeuge zu gestatten und ist damit einverstanden, daß diese Luftfahrzeuge Fluggäste, Ladung und Post zwischen Orten außerhalb

---

[171] Vgl. dazu oben S. 67 unter Abschnitt 1.

[172] Vgl. oben S. 88.

[173] Vertrag zur Regelung aus Krieg und Besatzung entstandener Fragen zwischen der Bundesrepublik und den Drei Mächten in der durch das Protokoll über die Beendigung des Besatzungsregimes vom 23. 10. 1954 geänderten Fassung, in: BGBl. 1955, II, S. 405 ff. (deutsch, englisch, französisch).

der Bundesrepublik und Berlin sowie zwischen der Bundesrepublik und Berlin befördern[174]."

Aus dieser zwischen den Westmächten und der Bundesrepublik als rechtmäßiger Repräsentantin Deutschlands[175] getroffenen und bisher nicht geänderten Vereinbarung ergibt sich für die Westmächte im Verhältnis zu Deutschland ein *vertragliches Durchflugrecht*, soweit sie westdeutsches Gebiet auf dem Wege „nach und von den Berliner Luftschneisen" überfliegen.

D. Ergebnis

Als Ergebnis ist festzuhalten, daß den Westmächten auch im Verhältnis zu Deutschland ein Zugangsrecht auf dem Luftwege nach Berlin zusteht.

Dieses Zugangsrecht setzt sich aus dem Durchflugrecht der Westmächte durch unbesetztes deutsches Gebiet, durch sowjetisch besetztes deutsches Gebiet und durch das Gebiet der von den Westmächten besetzten Westsektoren von Berlin zusammen.

Das Durchflugrecht durch das sowjetisch besetzte Gebiet beruht auf der entsprechenden Anwendung des Art. 42 HLKO auf die von den Westmächten in den Luftkorridoren nach Berlin und dem außerhalb der Westsektoren Berlins gelegenen Teil der Luftkontrollzone um Berlin ausgeübte tatsächliche Luftherrschaft[176].

Das Durchflugrecht durch das Gebiet der Westsektoren von Berlin ergibt sich aus dem Besatzungsrecht der Westmächte in diesem Teil Berlins[177] und das Durchflugrecht durch den unbesetzten Teil Deutschlands beruht auf Teil XII, Art. 5 des Vertrages zur Regelung aus Krieg und Besatzung entstandener Fragen zwischen der Bundesrepublik und den Drei Mächten (sog. Überleitungsvertrag) vom 23. 10. 1954[178].

Abschnitt 2

Der Fortbestand des gegenüber Deutschland bestehenden Zugangsrechts der Westmächte nach Berlin bei etwaiger Aufgabe des sowjetischen Besatzungsrechts in Mitteldeutschland

Die Sowjetunion übt in Mitteldeutschland bis heute Besatzungsfunktionen aus[179]. In jüngster Zeit hat sie allerdings angekündigt, sie werde

---

[174] Hervorhebungen durch den Verfasser.
[175] Vgl. die Anmerkung in der Einleitung.
[176] Vgl. oben S. 93—99.
[177] Vgl. oben S. 99 f.
[178] Vgl. oben S. 100 f.
[179] Vgl. dazu im einzelnen: *Scheuer*, Die Rechtslage des geteilten Deutschland", 1960, S. 92 ff. (98); vgl. auch die Anmerkung in der Einleitung.

die hinsichtlich der Verbindungswege der Westmächte nach Berlin im Einvernehmen mit der „DDR" bisher noch von ihr ausgeübten „Funktionen" (= Besatzungsbefugnisse) „im gegebenen Augenblick" aufgeben[180]. Darüber hinaus hat die Sowjetunion wiederholt angedroht, sie werde mit der „DDR" einen „Separatfriedensvertrag" abschließen, als dessen Folge sämtliche sich auf das „Territorium der DDR" erstreckenden Besatzungsrechte — einschließlich des Zugangsrechts der Westmächte nach Berlin — erlöschen würden[181].

Diese Äußerungen der Sowjetunion haben in Ausweitung der Erörterungen über das westliche Zugangsrecht nach Berlin zu der Frage geführt, wie sich eine etwaige zukünftige Aufgabe des sowjetischen Besatzungsrechts in Mitteldeutschland auf das Zugangsrecht der Westmächte nach Berlin auswirken würde[182]. Es soll daher abschließend kurz auf diese Frage eingegangen werden.

Zweifellos hätte eine Aufhebung des sowjetischen Besatzungsregimes in Mitteldeutschland keinen Einfluß auf den Bestand des Rechts der Westmächte, im Berlinverkehr *unbesetztes* deutsches Gebiet zu durchfliegen.

Dasselbe gilt aber auch für das Recht der Westmächte, auf dem Luftweg nach Berlin das sowjetisch besetzte Gebiet und das von den Westmächten besetzte Gebiet der Westsektoren Berlins zu durchfliegen:

Wie bereits ausgeführt[183] ist das Durchflugrecht der Westmächte durch diese Gebiete nicht aus dem sowjetischen Besatzungsrecht abgeleitet. Es beruht vielmehr auf eigenem Besatzungsrecht der Westmächte[184] und ist daher von dem Verhalten der Sowjetunion unabhängig. Gäbe die Sowjetunion ihr Besatzungsrecht in Mitteldeutschland auf, so würde das Recht der Westmächte zum Befliegen der Luftkorridore nach Berlin und der Luftkontrollzone um Berlin dadurch nicht in seinem Bestand berührt; denn über dieses ihr nicht zustehende Recht der Westmächte kann die Sowjetunion nicht verfügen. Vielmehr würde aus der bisher von den vier

---

[180] Note der SU an die Westmächte vom 27. 11. 1958, in: DzB, Dok. Nr. 241, S. 301 ff. (313).

[181] Note der SU an die USA vom 2. 3. 1959, in: DzB, Dok. Nr. 257; Pressekonferenz Chruschtschows vom 19. 3. 1959, in: *Meissner*, Dokumente zur Pariser Gipfelkonferenz, Bd. I, S. 729; Rede Chruschtschows in Baku vom 25. 4. 1960, in: DzB, Dok. Nr. 277; Memorandum der SU vom 4. 6. 1961, in: DzB, Dok. Nr. 279; Rede Chruschtschows vom 15. 6. 1961, in: DzB, Dok. Nr. 280.

[182] Vgl. z. B.: *Kreutzer*, West-Berlin — Stadt und Land, in: Berlin — Brennpunkt deutschen Schicksals, 1960, S. 68 f.; *Rauschning*, Die Berlin-Frage im neueren Schrifttum, in: EA 1961, S. 672; *Grewe*, Deutsche Außenpolitik der Nachkriegszeit, 1960, S. 136; *Münch*, Die Freie Stadt, in: Die Friedenswarte, Bd. 55, 1959, S. 43; *Legien*, Die Viermächtevereinbarungen über Berlin, 1961, S. 38 f. und 41.

[183] Vgl. oben S. 93 ff. und S. 99 f.

[184] Vgl. oben S. 93 ff. und S. 99 f.

Mächten gemeinsam ausgeübten Herrschaft in den Luftkorridoren und dem außerhalb der Westsektoren Berlins gelegenen Teil der Luftkontrollzone eine Alleinherrschaft der Westmächte in den genannten Lufträumen.

Auch die als Folge einer etwaigen Aufgabe des sowjetischen Besatzungsrechts in Mitteldeutschland dort einsetzende politische Entwicklung — wie immer sie auch verliefe — bliebe ohne Einfluß auf das Recht der Westmächte zum Durchfliegen der Luftkorirdore und der Luftkontrollzone; denn ein Ende fände dieses auf der Effektivität der Herrschaft beruhende Recht der Westmächte erst, wenn diese die von ihnen in Berlin (West), in den Luftkorridoren nach Berlin und in der Luftkontrollzone um Berlin ausgeübte militärische Besatzungsherrschaft aufgäben[185].

---

[185] Ebenso *Legien*, Die Viermächtevereinbarungen über Berlin, 1961, S. 39.

TEIL III

Zusammenfassung

I. Das Zugangsrecht der Westmächte auf dem Luftweg nach Berlin gegenüber der Sowjetunion als Besatzungsmacht in Mitteldeutschland

1. Das Zugangsrecht der Westmächte auf dem Luftweg nach Berlin wurde im Verhätlnis zur Sowjetunion durch das Londoner Protokoll vom 12. 9. 1944 begründet[1] und durch eine Reihe von aus den Jahren 1945/46 stammenden Viermächtevereinbarungen über die technische Ausgestaltung und die Art und Weise der Ausübung des Zugangsrechts auf dem Luftweg nach Berlin ausdrücklich bestätigt[2].

2. Das gegenüber der Sowjetunion vertraglich begründete und vertraglich bestätigte Zugangsrecht der Westmächte auf dem Luftweg nach Berlin besteht bis heute fort[3].

Selbst wenn aber die vertragliche Rechtsgrundlage des Zugangsrechts[4] der Westmächte in der Vergangenheit weggefallen wäre — wie dies von der Sowjetunion behauptet wird — oder in derZuknuft wegfiele, würde das Zugangsrecht der Westmächte gegenüber der Sowjetunion gewohnheitsrechtlich fortbestehen[5].

Endlich würde das Zugangsrecht der Westmächte gegenüber der Sowjetunion auch unabhängig sowohl von der vertraglichen als auch der gewohnheitsrechtlichen Rechtsgrundlage auf Grund des von den zivilisierten Staaten anerkannten allgemeinen Rechtsgrundsatzes über das Notwegrecht fortbestehen[6].

3. Der Zugang der Westmächte auf dem Luftweg nach Berlin ist nicht in dem Sinne frei, daß er über beliebige Flugstrecken abgewickelt werden könnte.

Die Westmächte sind jedoch berechtigt, innerhalb bestimmter genau abgegrenzter Lufträume nach Berlin zu fliegen[7]. Bei diesen Lufträumen

---

[1] Vgl. oben S. 28 ff.
[2] Vgl. oben S. 32 ff.
[3] Vgl. oben S. 36 ff.
[4] Gemeint ist immer das Zugangsrecht auf dem *Luftweg* nach Berlin.
[5] Vgl. oben S. 40 ff.
[6] Vgl. oben S. 45 ff.
[7] Vgl. oben S. 55 ff.

handelt es sich um die durch das Luftkorridorabkommen vom 30. 11. 1945 geschaffenen höhenmäßig unbegrenzten Luftkorridore Berlin—Hamburg, Berlin—Bückeburg, Berlin—Frankfurt/Main und die durch das Abkommen über die Flugvorschriften vom 18. 12. 1945 geschaffene höhenmäßig auf 3000 m begrenzte Luftkontrollzone um Berlin.

Innerhalb dieser Lufträume sind die Westmächte zur Durchführung eines uneingeschränkten nur flugtechnischen Regeln unterliegenden Luftverkehrs nach Berlin berechtigt[8]. Hieraus ergibt sich insbesondere, daß die Westmächte nicht nur zur Durchführung eines uneingeschränkten militärischen, sondern auch eines uneingeschränkten zivilen Luftverkehrs nach Berlin berechtigt sind[9], daß ihr Luftverkehr an keine Genehmigungen gebunden ist und keinen Kontrollen unterliegt[10] und daß sie zur Durchführung internationaler Flüge nach und von Berlin ebenso berechtigt sind wie zur Vornahme von Flügen zwischen Westdeutschland und Berlin[11].

II. Das Zugangsrecht der Westmächte auf dem Luftweg nach Berlin gegenüber Deutschland

1. Auch im Verhältnis zu Deutschland als dem Staat, durch dessen Staatsgebiet die von den Westmächten im Berlinverkehr beflogenen Luftlinien führen, steht den Westmächten ein Zugangsrecht auf dem Luftweg nach Berlin zu.

Dieses Zugangsrecht setzt sich aus dem Durchflugrecht der Westmächte durch unbesetztes deutsches Gebiet, durch sowjetisch besetztes deutsches Gebiet und durch das Gebiet der von den Westmächten besetzten Westsektoren von Berlin zusammen.

Das Durchflugrecht durch das sowjetisch besetzte Gebiet beruht auf der entsprechenden Anwendung des Art. 42 HLKO auf die von den Westmächten in den Luftkorridoren nach Berlin und dem außerhalb der Westsektoren Berlins gelegenen Teil der Luftkontrollzone um Berlin ausgeübte tatsächliche Luftherrschaft[12]. Das Durchflugrecht durch das Gebiet der Westsektoren von Berlin ergibt sich aus dem Besatzungsrecht der Westmächte in diesem Teil Berlins[13] und das Durchflugrecht durch den unbesetzten Teil Deutschlands beruht auf Teil XII, Art. 5 des Vertrages zur Regelung aus Krieg und Besatzung entstandener Fragen zwischen der

---

[8] Vgl. oben S. 58 f.
[9] Vgl. oben S. 59 ff.
[10] Vgl. oben S. 65 f.
[11] Vgl. oben S. 64 f.
[12] Vgl. oben S. 93 ff.
[13] Vgl. oben S. 99 f.

Bundesrepublik und den Drei Mächten (sog. Überleitungsvertrag) vom
23. 10. 1954[14].

2. Das Recht der Westmächte zum Befliegen der Luftkorridore nach
Berlin und der Luftkontrollzone um Berlin würde weder durch eine
etwaige zukünftige Aufgabe des sowjetischen Besatzungsrechtes in Mitteldeutschland noch durch die dadurch in Gang gesetzte politische Entwicklung in diesem Teil Deutschlands — wie immer sie auch verliefe — in
seinem Bestand berührt; denn das genannte Recht der Westmächte beruht allein auf der von diesen in Berlin (West), in den Luftkorridoren
nach Berlin und in der Luftkontrollzone um Berlin auf Grund Besatzungsrechts ausgeübten tatsächlichen militärischen Herrschaft und würde
deshalb erst erlöschen, wenn die Westmächte diese Herrschaft in den
genannten Räumen aufgäben[15].

---

[14] Vgl. oben S. 100 f.
[15] Vgl. oben S. 101 ff.

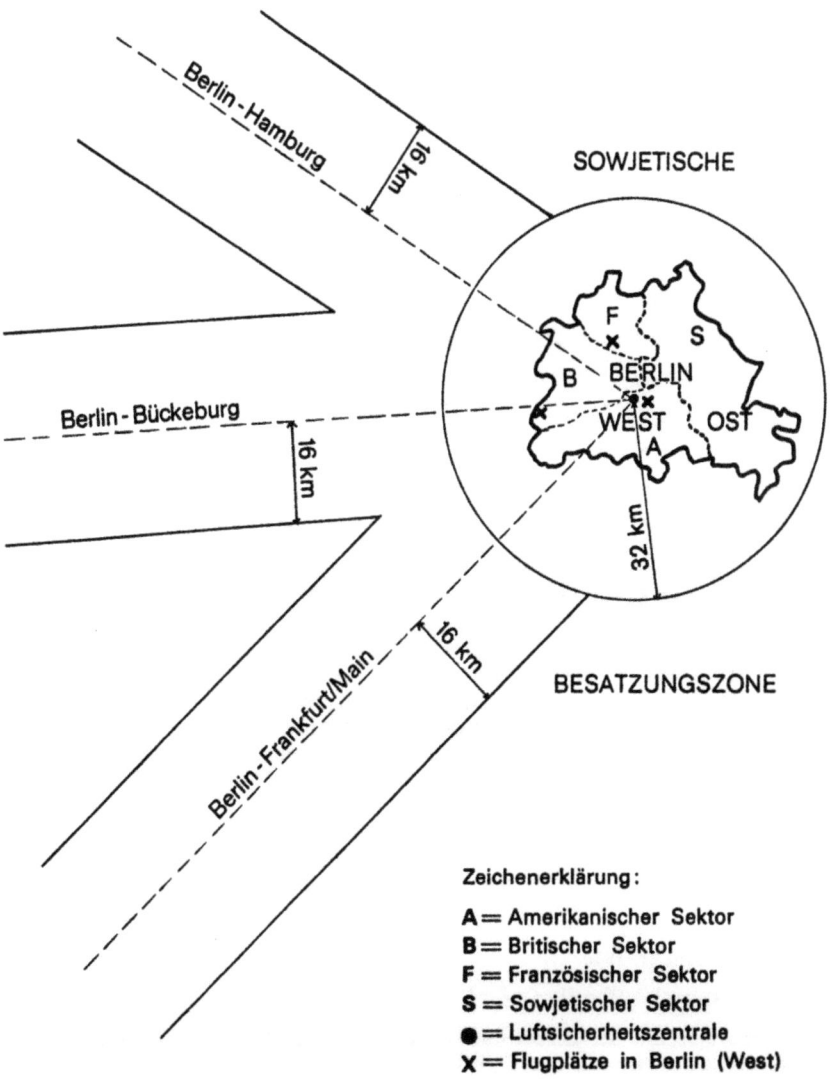

Die Karte zeigt die Luftkontrollzone Berlin und die Luftkorridore
nach Westdeutschland

Dokumentenanhang

22nd November, 1945   CORC/P (45) 170

Allied Control Authority Co-ordinating Committee

Report of the Air Directorate on the Creation of a system of Air Corridors
to be used for flights in the Respective Zones of Occupation in Germany.

Note by Allied Secretariat

The attached report on the above subject is submitted by the Air Directorate
for consideration at the Twenty-Third Meeting of the Co-ordinating Committee. In this report the Air Directorate requests that the Co-ordinating Committee approves the proposal of the Directorate for the creation of air corridors
to the west of Berlin, namely: Berlin—Hamburg, Berlin—Bückeburg, Berlin—
Frankfurt-on-Main; and also requests a decision on the principle of creating
air corridors Berlin—Warsaw, Berlin—Prague, and Berlin—Copenhagen, since
no unanimous agreement could be reached by the Directorate in regard to
this question. In addition, the Directorate requests the Co-ordinating Committee to delegate to the Directorate the responsibility of safety measures and
a system to assure flights along air corridors approved by the Co-ordinating
Committee.

> S. M. Kudriavtsev, 1st Secretary
> H. A. Gerhardt, Colonel
> T. N. Grazebrook, Brigadier
> Monsieur L. G. Calvy, Allied Secretariat

22nd November, 1945   CORC/P (45) 170

Allied Control Authority Co-ordinating Committee

Report of the Air Directorate concerning the Creation of a system of Air
Corridors to be used for flights in the Respective Zones of Occupation in
Germany

1. Because of the increasing number of flights between the Greater Berlin
   area and the respective occupied zones of the four Allied Powers in
   Germany and because their flights must often be undertaken in conditions
   of poor visibility or at night, involving risk of collisions; there is a real need
   to ensure safety of flights over the occupied zones and the Greater Berlin
   Area by means of a system of air corridors under strict rules of flight for all
   aircraft using the corridors.

2. The Aviation Committee has prepared and submitted a paper to the Air
   Directorate, based on the requests from the American, British, and French
   representatives for the setting up of a system of air corridors, and designed

to satisfy the requirements of the Four Powers for flights over the occupied zones.

3. The Aviation Committee of the Air Directorate proposes six air corridors over occupied Germany as follows:

> Berlin—Hamburg
> Berlin—Hanover (Bückeburg)
> Berlin—Frankfurt-on-Main
> Berlin—Warsaw
> Berlin—Prague
> Berlin—Copenhagen

each twenty English miles wide (ten miles on each side of the centre line of the corridor) which could be used by aircraft of the four Allied Nations with full freedom of action.

4. During discussions of this subject at the Meeting of the Air Directorate:

a) The representative of the United States expressed agreement with the proposals of the Aviation Committee and recommended that a report compiled on the basis of data worked out by the Aviation Committee, should be submitted to the Co-ordinating Committee.

b) The British representative agreed that it was necessary to produce a document for submission to the Co-ordinating Committee but that this document should include a proposal on the freedom of the air west of a line drawn North and South through Berlin. If this could not be agreed he requested the addition to the list of air corridors proposed by the Aviation Committee of a seventh corridor Bückeburg—Prague.

c) The French representative remarked that an indispensable condition of the free use of the air corridors must be adherence to the rules of air communications.

d) The Soviet representative stated that the Air Directorate could request the Co-ordinating Committee's confirmation of the air corridors Berlin—Hamburg, Berlin—Bückeburg, and Berlin—Frankfurt-on-Main, necessary to provide for the needs of the occupation troops in the zone of Greater Berlin. Regarding the air corridors Berlin—Warsaw, Berlin—Prague, and Berlin—Copenhagen, as well as the seventh corridor Bückeburg—Prague proposed by the British representative, they are corridors for the usual interstate traffic and are not related to securing the needs of the occupying forces in Berlin, therefore the question of their creation can be discussed by the Air Directorate only on the decision of Higher Authority. Moreover present rules of flight in the second group of air corridors are suitable to all and do not need to be changed. In the opinion of the Soviet representative, flights along all corridors must be made in complete compliance with the rules of flying safety to be compiled by the Aviation Committee and approved by the Air Directorate.

5. After studying this question, the Air Directorate, at its 13th meeting (DAIR/M (45) 13, Item 99 (b)) decided:

(1) "... to submit to the Co-ordinating Committee for approval the proposals of the Aviation Committee concerning the air corridors west of

Berlin: Berlin—Hamburg, Berlin—Hanover (Bückeburg), Berlin—Frankfurt-on-Main."

(2) "to submit for decision in principle by higher authority at the same time as the proposal of paragraph (1), the question of the establishment of corridors leading North, East and South from Berlin and of a corridor Bückeburg—Prague."

(3) "to instruct the Aviation Committee to compile rules for safety of flight along the corridors referred to in paragraph (1). These rules will be obligatory for all aircraft flying along the corridors listed in paragraph (1)."

6. Consequent on the above, the Air Directorate requests the Co-ordinating Committee:

(1) To confirm the proposals for the establishment of air corridors west of Berlin as follows: Berlin—Hamburg, Berlin—Bückeburg, Berlin—Frankfurt-on-Main, each twenty English miles wide. Flight over these routes (corridors) will be conducted without previous notice being given, by aircraft of the nations governing Germany.

(2) To instruct the Air Directorate to compile rules of flight and means of safeguarding flights along the corridors stated in para. (1) above.

(3) To decide in principle or transmit for consideration by appropriate higher authority, the question of establishment of the air corridors over occupied Germany, Berlin—Warsaw, Berlin—Prague, Berlin—Copenhagen and also the air corridor Bückeburg—Prague proposed by the British representative (as indicated in the annexed Map A). Flights over these routes (corridors) will be conducted by aircraft of the nations governing Germany without previous notice being given.

7. The above proposals are framed to meet the requirements in the immediate future as far as they can be now foreseen. It will nevertheless be necessary to give further consideration to these questions, from time to time, in accordance with the future development of international aircommunications.

> Lt. Gen. Kutsevalov, U.S.S.R.
> Maj. Gen. R. W. Harper, U.S.A.
> Air Marshal H. E. P. Wigglesworth, G. B.
> Gén. de Division X. de Sevin, France.

Dokument Nr. 2

23rd Meeting of the Co-ordinating Committee, 27th Nov. 1945

Extract from CORC/M (45) 23.

309. Proposed Air Routes for Inter-Zonal Flights

The Meeting considered CORC/P (45) 170.

General Robertson explained that it was absolutely essential for the British to have air corridors both for flights from Berlin to Bückeburg, Headquarters of the British Army of the Rhine, and from Berlin to Hamburg, where this headquarters had a number of branches. General Clay also pointed out that the Berlin—Bückeburg air corridor was important for the American since it enabled them to maintain their connection with Bremen. General Sokolovsky then stated that he was not empowered to settle questions concerning other air corridors mentioned in the paper, viz.: Berlin—Warsaw, Berlin—Prague, Berlin—Copenhagen and Bückeburg—Prague, as these required decisions at governmental level.

On General Sokolovsky's proposal

The Meeting:

> (309) Approved CORC/P (45) 170 and agreed to submit it to the Control Council for confirmation of that portion which deals with air corridors from Berlin to the West.

Dokument Nr. 3

Allied Control Authority Control Council

Minutes of the 13th Meeting held in Berlin

30th November, 1945   CONL/M (45) 13

110. Proposed Air Routes for Inter-Zonal Flights

The Meeting had before them CONL/P (45) 63*. Marshal Zhukov recalled that the Co-ordinating Committee had approved the establishing of three air corridors, namely, Berlin—Hamburg, Berlin—Bückeburg and Berlin—Frankfurt-on-Main.

The Meeting:

> (110) (a) approved the establishment of three air corridors from Berlin to the Western Zones as defined in CONL/P (45) 63.

Dokument Nr. 4

22nd October, 1946   DAIR/P (45) 71 Second Revise

Allied Control Authority Air Directorate Flight Rules for Aircraft Flying in

Air Corridors in Germany and Berlin Control Zone

Section I

General

1. a) Object. To ensure the maximum safety in flight of all aircraft flying in corridors and in the Berlin Control Zone under all conditions.

   b) Definition. Definitions of terms used in this paper are contained in Section V.

2. Air Corridors in Germany. The following air corridors have been established.

> Frankfurt—Berlin
>
> Bückeburg—Berlin
>
> Hamburg—Berlin

Each of the above corridors is 20 English miles (32 kilometers) wide, i. e. 10 miles (16 kilometers) each side of the centre line. It is probable that from

---

* CONL/P (45) 63 ist mit CORC/P (45) 170 identisch (Dok. Nr. 1).

time to time additional corridors may be established, and these rules apply equally to any such corridors.

3. Berlin Control Zone (B.C.Z.)

   a) The Berlin Control Zone is defined as the air space between ground level and 10 000 feet (3000 meters) within a radius of 20 miles (32 kilometers) from the Allied Control Authority Building in which is established the Berlin Air Safety Center (B.A.S.C.).

   b) The Berlin Control Zone is a zone of free flight for all aircraft entering the zone to land on the Berlin airfields or taking off to depart therefrom.

   c) It is desirable that, wherever possible, local flights (testing, training etc.) be executed above the national sectors. However, if necessary they may be executed above the remainder of the Control Zone, subject to normal clearance by the Berlin Air Safety Center.

   d) Owing to close proximity of the various national airfields within the Berlin Control Zone, Airdrome Traffic Zones are introduced with rules of procedure for safety of Allied aircraft while flying within the Berlin Control Zone.

      (1) "Airdrome Traffic Zone" is a designated zone to include the air space up to and including 2 650 feet (800 meters) and over the area having a radius of 2 miles from the center of the main traffic airfields in the Berlin Control Zone.

      (2) No aircraft will enter an airdrome traffic zone except for the purpose of landing at that airfield. No Allied aircraft will approach an airfield, other than their own, closer than a radius of 2 miles, or at a height of less than 2 650 feet (800 meters) without having obtained prior permission from the Berlin Air Safety Center.

      The above mentioned rules on airdrome traffic zones apply to the following airdromes of the Berlin Control Zone:

      Adlershof, Dalgow, Elsthal, Gatow, Schoenefeld, Schoenewalde, Tempelhof, New French Airfield at Frohnau (when in operation).

4. Berlin Air Safety Center (B.A.S.C.).

   The Berlin Air Safety Center has been established in the Allied Control Authority Building with the object of ensuring safety of flight for all aircraft in the Berlin area. The Safety Center regulates all flying in the Berlin Control Zone and also in the corridors extending from Berlin to the boundaries of adjacent control zones. The functions of the Berlin Air Safety Center are as follows:

   a) To maintain up-to-date information on the state of the weather over German territory and in other Control Zones.

   b) To regulate air traffic in the Berlin Control Zones (in conditions of bad visibility and at night) by fixing the time, course, and height of flight, and ensuring the vertical and horizontal separation of aircraft necessary to avoid collision.

   c) To inform crews of aircraft in or near the Berlin Control Zone of the weather conditions and the situation in the air, giving, if necessary, recommendations on courses to detour areas with bad meteorological conditions, or give routes in the limits of the Berlin Control Zone and other recommendations.

d) To receive information from airfields located in the Berlin Control Zone on aircraft landing thereon.

e) To co-ordinate search for aircraft on request by airfields in those cases where the aircraft is one or more hours overdue.

f) To be constantly informed of the conditions of airfields, radio facilities, and navigational and other aids for flight security, situated in the Berlin Control Zone.

g) To inform airfields located within the Berlin Control Zone about proposed landings of aircraft on them and to receive confirmation from those airfields about their readiness to accept arriving aircraft.

h) To receive information from airfields, and also from aircraft in flight about proposed flights over the Berlin Control Zone and about landings on airfields within the Zone.

i) To compile necessary operational and statistical reports.

j) To obtain clearance for aircraft wishing to proceed to other recognized Control Zones.

5. Control of aircraft traffic by the B.A.S.C. is normally exercised through the appropriate national airfields in the Berlin Control Zone.

6. Aircraft flying to and from Berlin under Visual Flight Rules (VFR).

a) Arriving aircraft will contact the airfield of destination in the Berlin Control Zone at a distance of 75 miles (120 kilometers) from Berlin, giving their estimated time of arrival, altitude and other information as appears necessary. (This communications contact is not mandatory but is desirable.) The airfield at which the aircraft arrives will inform the B.A.S.C. of such arrival.

b) Departing aircraft. The airfield clearing departing aircraft in Berlin Control Zone will inform the B.A.S.C. of each departure.

c) Aircraft without two-way radio or whose radio has failed are free to fly into or out of the Berlin Control Zone in accordance with Visual Flight Rules (Section III).

d) When aircraft are departing to another Control Zone, the airfield of departure will obtain clearance through B.A.S.C. in case Instrument Flight Rules in force at the airfield of destination. Should this be the case, the B.A.S.C. will obtain clearance from the Control Zones at destination.

7. Aircraft flying to and from Berlin Control Zone under Instrument Flight Rules (IFR).

a) Aircraft flying into and out of the Berlin Control Zone will operate under Instrument Flight Rules (IFR) (Section IV), when the visibility is less than 3 miles (5 kilometers) or the ceiling is less than 1000 feet (300 meters).

b) Incoming aircraft will be required to contact by radio the airfield of destination when not less than 75 miles (120 kilometers) from the Berlin Control Zone. Airfield of destination will inform B.A.S.C. accordingly, which will issue an air traffic clearance and such other information and instruction as appear necessary for safety.

8 Ruge

c) All landings, under instrument flight conditions, will be controlled by the airfield of destination, which will have previously obtained all necessary instruction and information from B.A.S.C.

d) Departing aircraft must be cleared through B.A.S.C. which will approve the flight plan as filed or indicate such changes as may be necessary to ensure adequate separation.

8. Aircraft Crossing Corridors. Aircraft will call whenever possible, the appropriate communications station, and obtain clearance prior to crossing a corridor. When aircraft are unable to receive clearance to cross corridors, they will cross at a magnetic heading of 90 degrees to that corridor and at an altitude appropriate to the quadrant in which the heading lies (See para. 26).

Section II

General Flight Rules

. . . .

16. Minimum Safe Altitudes. — Except when necessary for taking off and landing in an emergency or when otherwise ordered, aircraft shall be flown;

a) When over the congested areas of cities, towns, settlements, or open air assemblies of persons, at altitudes sufficient to permit emergency landing outside such areas und in no cases less 1000 feet (300 meters) above such areas.

b) When elsewhere than as specified in paragraph a, at an altitude of not less than 500 feet (150 meters).

. . . .

Section III

Visual Flight Rules (VFR)

. . . .

Section IV

Instrument Flight Rules (IFR)

. . . .

40. Corridor Cruising Altitudes.

a) Except when necessary for taking off or landing, aircraft operating in a Corridor shall be flown at not less than 1000 feet (300 meters) above the surface.

b) . . .

. . . .

Dokument Nr. 5

6 March, 1946   CORC/P (46) 84

Allied Control Authority Coordinating Committee

Report to the Control Council Concerning the Extension of Existing Air Corridors in Germany. Memorandum by U.S. Member.

A. Problem

To establish the net of air corridors that is required to provide for safe and economical operation of aircraft over Germany.

B. Discussion

1. Air transportation of passengers, cargo, and mail to meet Allied requirements between certain busy areas is a present-day necessity in Germany.

2. Passengers, cargo, and mail, transported by air, will arrive from and depart for other populated areas in Europe. In the interest of economy, air corridors for Germany should be co-ordinated and integrated into the system of airways serving densely populated areas in Europe outside of Germany.

3. Some progress has been made in this direction by the establishment of the three corridors, Berlin—Frankfurt, Berlin—Bückeburg, Berlin—Hamburg. Flight rules have been established for these air corridors and radio aids are under discussion.

4. Unfortunately, the agreed corridors do not provide the number of direct routes required, and the nations operating aircraft over Germany are forced to fly indirect routes with the resulting low utilization of aircraft, loss of time and waste of fuel.

5. In view of the desires of the Control Council as expressed in the Thirteenth Meeting of the Control Council 30 November 1945, it is deemed appropriate to reopen the question of air corridors to make a more complete pattern covering transit between the principal cities of Germany and to other prominent European centers.

C. Recommendation

It is recommended:

1. That the present system of agreed air corridors in Germany be extended and augmented by other air corridors over Germany which are required to form parts of the following direct routes (see Annex "A"):

      a. Hamburg—Copenhagen
      b. Hamburg—Bremen—Amsterdam
      c. Buckeburg—Amsterdam
      d. Buckeburg—Brussels
      e. Buckeburg—Bremen
      f. Frankfurt—Brussels
      g. Frankfurt—Paris
      h. Frankfurt—Buckeburg
      i. Frankfurt—Prague
      j. Frankfurt—Vienna
      k. Berlin—Copenhagen
      l. Berlin—Warsaw
      m. Berlin—Prague

2. That the aircraft of the four nations governing Germany be permitted full freedom of use of these corridors without notice; and

8*

3. That air traffic along all air corridors conform to the rules of flight now prescribed for the three existing air corridors.

Dokument Nr. 6

30 April, 1946   DAIR/M (46) 11

Allied Control Authority Air Directorate

Minutes of the Twenty-Ninth Meeting of the Air Directorate held in Berlin on 30 April, 1946.

. . . .

113. Report on extension of existing Air Corridors in Germany — CORC/P (46) 84 and DAIR/P (46) 66.

After a lenghty discussion in which the U.S., British and French Delegates agreed DAIR/P (46) 66, the Soviet Delegate dissented with the following expression:

The Soviet Delegation thinks that the existing system of Air Corridors through the Soviet Zone of Occupation in Germany is fully sufficient, not only to meet the requirements of the Allied Troops in the Sector of Greater Berlin, but also to carry out successfully all the Allied transportation needs for commercial cargoes regardless of their volume.

The argument put forward by the American Delegation concerning the directness of the flights in order to ensure an efficient use of civilian aviation for commercial purposes, cannot be considered convincing because the air corridors established by decision of the Control Council of Germany — CORC/P (46) 170 — Berlin—Frankfurt-on-Main, Berlin—Buckeberg, Berlin—Hamburg, and the routes Berlin—Copenhagen, Berlin—Prague, and Berlin—Warsaw are direct lines of air traffic and geographic considerations do not permit shortening them.

The question of establishing commercial aviation within the boundaries of Germany does not come within the competence of the Air Directorate.

The Directorate:

(113) Agreed to forward DAIR/P (46) 66 — revised to the Co-ordinating Committee with the dissenting views of the Soviet Delegate.

. . . .

Dokument Nr. 7

5 February, 1947   Appendix to DOCS/SEC (47) 33

Allied Control Authority Combined Services Directorate

Soviet Report on the history of the question „Flights of Allied Aircraft over German territory" which has been discussed in the Agencies of the Allied Control Council in Germany.

. . . .

Section IV, Economic Problems, Part 8, paragraph (d).

To the Economic Directorate:

1. Up to the present time questions relating to "Freedom of Flight over Germany" and unrestricted flying by aircraft of Allied and friendly nations over German territory have been repeatedly discussed by the Agencies of the Allied Control Council.

2. A decision was taken after quadripartite agreement had been reached, to allot three air corridors:

   Berlin—Hamburg
   Berlin—Buckeburg
   Berlin—Frankfurt-on-Main

   for unrestricted flights by Allied aircraft over the Soviet Zone of Occupation in Germany. All flights by aircraft of Allied and friendly nations from Berlin in other directions over the Soviet Zone of Occupation in Germany have been made after individual clearances have been agreed by the Soviet Military Administration, and no complaints in respect of these flights have been made by the Allied and friendly Governments.

3. As a result of an agreed decision a quadripartite directing body, "The Berlin Air Safety Center" was set up to direct and organise the safety of flight over German territory, and the necessary rules and instructions for regulating flights were drawn up. (See Papers — DAIR/P (46) 18, DAIR/M (45) 13, Item 11 (a), DAIR/P (46) 132, DAIR/P (46) 10 Revised, DAIR/P (45) 71 Second Revise, and DAIR/P (46) 113.)

The Soviet Delegation considers:

a) that the above-mentioned agreed decisions fully meet the aviation requirements of the Allied Occupying Authorities at this stage of the occupational regime in Germany;

b) that the proposals of the U.S., British and French Delegations on "Freedom of Flight over Germany" and "The Setting up of Special Agencies" on a quadripartite basis for the establishment and direction of the civil aviation of other nations in Germany is inexpedient and premature at this stage of the occupational regime in Germany.

The future development of "Civil Aviation by other Nations in Germany", and "Special Agencies for the Direction of this Aviation", and the adoption of new legislation therefor, can only be possible after a joint decision has been reached by the Allied Governments and special instructions on this matter have been given to the Allied Control Council in Germany.

Quellen der abgedruckten Dokumente: Documents Regarding Air Access to Berlin, US-State Department, Press Release, 8. 9. 1961 (für die Dokumente Nr. 1—7); Selected Documents on Germany and the Question of Berlin 1944—1961. Presented to Parliament by the Secretary of State for Foreign Affairs by Command of Her Majesty. Commandpapers 1552. London 1961. Dokument 16, S. 60—64 (für die Dokumente Nr. 1—3).

Literaturverzeichnis

I. Einzelschriften

Abelein, Manfred: Die Vereinbarungen über die Internationalisierung der Zufahrtswege nach Berlin seit dem Herbst 1961. In: EA 1963, S. 444—450

Abendroth, Wolfgang: Die Haftung des Reiches, Preußens, der Mark Brandenburg und der Gebietskörperschaften des öffentlichen Rechts für Verbindlichkeiten, die vor der Kapitulation vom 8. 5. 1945 entstanden sind. In: Neue Justiz 1947, S. 73—81

Anzilotti, Dionisio: Corso di diritto internazionale. 3. Aufl., 1928, Bd. I

Bentzien, Joachim: Die Luftkorridore von und nach Berlin. In: Außenpolitik, 12. Jg. (1961), S. 685—690

Berber, Friedrich: Lehrbuch des Völkerrechts. Bd. I, München 1960; Bd. II, München 1962

Bindschedler, Rudolf: Die völkerrechtliche Stellung Deutschlands. In: Schweizerisches Jahrbuch für internationales Recht, 6 (1949), S. 37—64

Bölling: Die deutsche Okkupationshoheit in Nord- und Westeuropa. In: RVBl. 61 (1940), S. 439—444

Brierly, James L.: The Law of Nations. 4. Aufl., Oxford 1949

Byrnes, James F.: In aller Offenheit. Frankfurt/Main, o. J. (Übersetzung von: Speaking Frankly. New York 1947)

Castrén, Erik: The Present Law of War and Neutrality. Helsinki 1954

Cheng, Bin: General Principles of Law as applied by International Courts and Tribunals. London 1953

Clay, Lucius D.: Entscheidung in Deutschland. Frankfurt/Main 1950. (Übersetzung von: Decision in Germany. New York 1950.) (Zitiert: Clay)

Cohn, Ernst J.: Zum rechtlichen Problem Deutschland. In: MDR 1947, S. 178—180

Dahm, Georg: Völkerrecht. Bd. I, Stuttgart 1958; Bd. II und III, Stuttgart 1961 (zitiert: Dahm)

Dassel, Ulrich von: Die Frage nach dem deutschen Staat von heute. Bleckede 1948

Davison, W. Philipps: Die Blockade von Berlin. Mordfall des Kalten Krieges. Frankfurt 1959. (Übersetzung von: The Berlin Blockade. A Study in Cold War Politics. Princeton 1958) (zitiert: Davison)

Delbez, Louis: Le nouveau statut de l'Allemagne occupée. In: Revue générale de droit international public, 54 (1950), S. 3 ff.

— Les principes généraux du droit international public. 3. Aufl., Paris 1964

Deuerlein, Ernst: Die Einheit Deutschlands. Bd. I: Die Erörterungen und Entscheidungen der Kriegs- und Nachkriegskonferenzen 1941—1949. Darstellung und Dokumente. 2. Aufl., Frankfurt/Main 1961

Eisenhower, Dwight D.: Crusade in Europe. New York 1948

Eschenburg, Theodor: Die deutsche Frage — Die Verfassungsprobleme der Wiedervereinigung. München 1959

Faust, Fritz: Die völkerrechtliche Beurteilung der Berlin-Frage. In: Wehrwissenschaftliche Rundschau 9 (1963), S. 510—531

Felber, Rolf: Völkerrechtliche Probleme bei der Sicherung der DDR-Staatsgrenze. In: Deutsche Außenpolitik, 11. Jg. (1966), S. 272—290

Fenwick, Charles G.: International Law. 2. Aufl., New York 1934

Fitzmaurice, Gerald: The law and procedure of the International Court of Justice: General principles and substantive law. In: BYIL 27 (1950), S. 1—41 und 30 (1953), S. 1—70

Franklin, William M.: Zonal Boundaries and Access to Berlin. In: World Politics, Vol. 16 (1963/64), S. 1 ff.

Freeman, Alwyn V.: War Crimes by Enemy Nationals Administering Justice in Occupied Territory. In: AJIL 41 (1947), S. 579—610

Gablentz, Otto Martin von der: Die Berlin-Frage in ihrer weltpolitischen Verflechtung 1944—1961. München 1963

Geiler, Karl: Die gegenwärtige völkerrechtliche Lage Deutschlands. Bremen 1947

Graefrath, Bernard: Völkerrecht schützt Lufthoheit der DDR. In: Deutsche Außenpolitik, 7. Jg. (1962), S. 11—23

Grewe, Wilhelm: Deutsche Außenpolitik der Nachkriegszeit. Stuttgart 1960

Guggenheim, Paul: Lehrbuch des Völkerrechts. Bd. I, Basel 1948; Bd. II, Basel 1951

— Traité de droit international public. Bd. II, Genf 1954

Gunst, Dietrich: Russischer Separatfrieden mit der „DDR"? In: Außenpolitik 1959, S. 500—505

Gutteridge, H. C.: Comparative Law. Cambridge 1946

Habicht, M.: The power of the international judge to give a decision „ex aequo et bono". London 1935

Hacker, Jens: Die Rechtslage Berlins. In: SBZ-Archiv 1964, S. 119—125

Härle, E.: Die allgemeinen Entscheidungsgrundlagen des Ständigen Internationalen Gerichtshofs. 1933

— Les principes généraux de droit et le droit des gens. In: Revue de Droit International et de Législation Comparée, 1935, S. 663—687

Hall-Higgins: A Treatise on International Law. 8. Aufl., 1924

Heidelmeyer, W. und G. *Hindrichs:* Die Berlin-Frage. Politische Dokumentation 1944—1965. Frankfurt/Main 1965

Heinze, Kurt: Völkerrechtsprobleme des Verteidigungsbeitrages der deutschen Bundesrepublik. In: EA 1952, S. 4711—4723 und 4851—4864

Heydte, Friedrich August von der: Völkerrecht. Ein Lehrbuch. Bd. I, Köln 1958; Bd. II, Köln 1960

Hillgruber, Andreas: Berlin. Dokumente 1944—1961. Darmstadt 1961

Hudson, Manley O.: The Duration of the War between the United States and Germany. In: Harvard Law Review, Bd. 39 (1926), S. 1020—1045

Hyde, Charles Cheney: International Law, chiefly as interpreted and applied by the United States. 2. Aufl., Boston 1947, Bd. III

Ipsen, Hans Peter: Deutsche Gerichtsbarkeit unter Besatzungshoheit. In: JiaöR 1948, S. 87—114

Jennings, R. Y.: Government in Commission. In: BYIL 23 (1946), S. 112—141

Kaufmann, Erich: Deutschlands Rechtslage unter der Besatzung. Stuttgart 1948

Kelsen, Hans: The Legal Status of Germany according to the Declaration of Berlin. In: AJIL 39 (1945), S. 518—526

Kempski, Jürgen von: Deutschland als Völkerrechtsproblem. In: Merkur 1947, S. 118 ff.

Klein, Friedrich: Neues Deutsches Verfassungsrecht. Frankfurt/Main 1949

Krenz, Frank E.: International Enclaves and Rights of Passage. With Special Reference to the Case Concerning Right of Passage over Indian Territory. Diss. Genf 1961

Kreutzer, Heinz: West-Berlin. Stadt und Land. In: Berlin — Brennpunkt deutschen Schicksals. Berlin 1960, S. 55—78

Kuhn, Hans Wolfgang: Die Regelung der Verkehrsverbindungen nach Berlin 1945—1946. In: EA 1959, S. 447—466

Kunz, Josef L.: Ending war with Germany. In: AJIL 46 (1952), S. 114—119

Laun, Rudolf: Die Haager Landkriegsordnung. 5. Aufl., Hannover 1950

— Reden und Aufsätze zum Völkerrecht und Staatsrecht. Hamburg 1948

Lauterpacht, Hersch: The Development of International Law by the International Court. London 1958

Legien, Rudolf: Die Viermächtevereinbarungen über Berlin. Ersatzlösungen für den Status Quo? 2. Aufl., Berlin 1961

Lindner, Gerhard: Zur Lufthoheit der DDR. In: Deutsche Außenpolitik, 2. Jg. (1957), S. 830—833

Liszt, Franz von: Das Völkerrecht systematisch dargestellt. 12. Aufl., Berlin 1925

Lummert, Günther: Marxismus-Leninismus und Völkerrecht. Köln 1959

Mangoldt, Hermann v.: Grundsätzliches zum Neuaufbau einer deutschen Staatsgewalt. Hamburg 1947

Mann, Fritz A.: Deutschlands heutiger Status (Ein Vortrag). In: SJZ 1947, Sp. 465—480.

— Reflections on a Commercial Law of Nations. In: BYIL 33 (1957), S. 20—51

Meissner, Boris: Dokumente zur Pariser Gipfelkonferenz. Bd. I, Hamburg 1959

— Sowjetunion und HLKO. Hamburg 1950

Meissner, B.: Sowjetunion und HLKO. In: Osteuroparecht 1 (1955), S. 96—99

Meister, Ulrich: Stimmen des Auslandes zur Rechtslage Deutschlands. In: ZaöRV 13 (1950), S. 173—185

— Zur deutschen Kapitulation 1945. In: ZaöRV 13 (1950), S. 393—410

Menzel, Eberhard: Deutschland — Ein Kondominium oder Koimperium? In: JiaöR 1948, S. 43—86

Meurer: Die völkerrechtliche Stellung der vom Feind besetzten Gebiete. In: Archiv für öffentliches Recht, Bd. 33 (1915), S. 353—435

Meyer, Alex: Freiheit der Luft als Rechtsproblem. Zürich 1944

— Internationale Luftfahrtabkommen. Bd. I, Köln 1953; Bd. III, Köln 1957

— Völkerrechtlicher Schutz der friedlichen Personen und Sachen gegen Luftangriffe. Das geltende Kriegsrecht. Königsberg 1935

Möller, Axel: International law in peace and war. Bd. I, 1931

Montgomery, Bernard: Memoiren. München 1958. (Übersetzung von: The Memoirs of Montgomery of Alamein. Cleveland 1958)

Moore, John Basset: History and digest of the international arbitrations to which the United States have been a party. Bd. IV, Washington 1898

Mosely, Philip E.: The Occupation of Germany. New Light on How the Zones Were Drawn. In: Foreign Affairs, 28 (1949/50), S. 580—604

Mosler, Hermann: Der Einfluß der Rechtsstellung Deutschlands auf die Kriegsverbrecherprozesse. In: SJZ 1947, Sp. 362—370

Mosler, H. und K. *Doehring:* Die Beendigung des Kriegszustandes mit Deutschland nach dem zweiten Weltkrieg. Köln 1963 (zitiert: Mosler-Doehring)

Münch, Fritz: Die Freie Stadt. In: Die Friedenswarte, Bd. 55, 1959, S. 1—20

— Die internationale Seerechtskonferenz in Genf 1958. In: ArchVR 8 (1959/60), S. 180—208

— Zur deutschen Frage. In: Gibt es zwei deutsche Staaten? Hrsg. vom Auswärtigen Amt, o. J., S. 15—38

Oppenheim, L. und H. *Lauterpacht:* International Law. A Treatise. Bd. I, 8. Aufl., London 1955; Bd. II, 7. Aufl., London 1952 (zitiert: Oppenheim-Lauterpacht)

Ottensooser, D.: Termination cf War by Unilateral Declaration. In: BYIL 29 (1952), S. 435—442

Pfluger, Franz: Die einseitigen Rechtsgeschäfte im Völkerrecht. Zürich 1936

Politis, N. S.: Le problème des limitations de la souveraineté. In: Recueil des Cours, 1925, I, S. 5—121

Rauschning, Dietrich: Die Berlin-Frage im neueren Schrifttum. In: EA 1961, S. 663—674

— Die Gesamtverfassung Deutschlands. Nationale und internationale Texte zur Rechtslage Deutschlands. Frankfurt/M .1962

Reuter, Paul: Droit international public. Paris 1958

Rheinstein, Max: The Law Concerning Ways of Necessity. In: I. C. J. Pleadings 1960, Case concerning Right of Passage over Indian Territory (Portugal v. India), vol. I, p. 714—727

Riese, Otto: Luftrecht. Stuttgart 1949

Riklin, Alois: Das Berlinproblem. Historisch-politische und völkerrechtliche Darstellung des Viermächtestatus. Köln 1964 (zitiert: Riklin, Berlinproblem)

— Zur Frage des Luftverkehrs zwischen Westdeutschland und Berlin. In: Moderne Welt, 3. Jg. (1961/62), S. 292—319

Ripert, Georges: Les règles du droit civil applicables aux rapports internationaux. In: Recueil des Cours, 1933, II, S. 570—664.

Rottmann, Joachim: Der Viermächte-Status Berlins. Hrsg. vom Bundesministerium für gesamtdeutsche Fragen. Berlin 1959

Ruck, Erwin: Grundsätze im Völkerrecht. Basel 1946

Sauser-Hall, Georges: L'occupation de l'Allemagne par les Puissances Alliées. In: Schweizerisches Jahrbuch für internationales Recht, 3 (1946), S. 9—64

Schenck, Dedo von: Zur Rechtslage Deutschlands. In: AöR 85 (1960), S. 96—109

Scheuer, Gerhart: Die Rechtslage des geteilten Deutschland. Diss. Frankfurt/Main 1960

Scheuner, Ulrich: Der fehlende Friede. In: Mensch und Staat in Recht und Geschichte. Festschrift für Herbert Kraus. Kitzingen/Main 1954

— Die staatsrechtliche Kontinuität in Deutschland. In: DVBl. 1950, S. 481—485 und S. 514—516

— Voraussetzungen und Verfahren der Wiedervereinigung Deutschlands. In: EA 1955, S. 8071—8080

v. Schmoller-Maier-Tobler: Handbuch des Besatzungsrechts. Tübingen 1951, Bd. I

Schrimer, Gregor: Völkerrecht schützt Grenzen der DDR. In: Deutsche Außenpolitik, 8. Jg. (1963), S. 703—709

Schüle, Adolf: Berlin als völkerrechtliches Problem. In: Berlin in Vergangenheit und Gegenwart, S. 124—139. Tübingen 1961

Schuster, Rudolf: Deutschlands staatliche Existenz im Widerstreit politischer und rechtlicher Gesichtspunkte. Diss. München 1963

Schwarzenberger, G.: International Law. Bd. I, 3. Aufl., London 1957

Scott, James Brown: The Hague Court Reports. 1916 ff.

Seidl-Hohenveldern: Völkerrecht. Köln 1965

Shawcross, Sir Hartley: Nürnberg, Rede des englischen Hauptanklagevertreters. Hamburg 1946

Siegler, Heinrich v.: Dokumentation zur Deutschlandfrage. Von der Atlantik-Charta 1941 bis zur Berlin-Sperre 1961. Bd. I, Bonn 1961; Bd. II, Bonn 1961 (zitiert: Siegler)

Smith, H. A.: The Government of Occupied Territory. In: BYIL 21 (1944), S. 151—155

Sommer, Theo: Welche Rechte für wen? In: Die Zeit, vom 1. 9. 1961

Stödter, Rolf: Deutschlands Rechtslage. Hamburg 1948

Strupp, Karl: Wörterbuch des Völkerrechts und der Diplomatie. Bd. I, Berlin 1924; Bd. II, Berlin 1925 (zitiert: Strupp, WbVR und der Diplomatie)

Strupp-Schlochauer: Wörterbuch des Völkerrechts. Begründet von Karl Strupp, in völlig neu bearbeiteter zweiter Aufl. hrsg. von Hans-Jürgen Schlochauer. Bd. I, Berlin 1960; Bd. II, Berlin 1961; Bd. III, Berlin 1962 (zitiert: Strupp-Schlochauer, WbVR)

Thierry, Hubert: Les États privés de littoral maritime. In: Revue générale de droit international public, 3. Sér., 1958, S. 610—617

Trainin, I. P.: Questions of Guerilla Warfare in the Law of War. In: AJIL 40 (1946), S. 534—562

Truman, Harry S.: Memoiren. Bd. I, Stuttgart 1955. (Übersetzung von: Memoirs. Vol. I, New York 1955)

Turegg, Kurt Egon v.: Deutschland und das Völkerrecht. Köln 1948

Verdross, Alfred: Die allgemeinen Rechtsgrundsätze als Völkerrechtsquelle. In: Gesellschaft, Staat und Recht. Festschrift für Hans Kelsen, S. 354—365. Wien 1931
— Die Verfassung der Völkerrechtsgemeinschaft. Wien und Berlin 1926
— Völkerrecht. 4. Aufl., Wien 1959; 5. Aufl., Wien 1964
— Die völkerrechtliche Stellung Deutschlands. In: ArchVR 3 (1951), S. 129—136

Völkerrecht: Hrsg. vom Rechtsinstitut der Akademie der Wissenschaften der UdSSR (= Veröffentlichungen des Instituts für internationales Recht an der Universität Kiel, Bd. 48), Hamburg 1960

Wegerdt, Alfred: Deutsche Luftfahrtgesetzgebung. 3. Aufl., 1936

Wengler, Wilhelm: Völkerrecht. Bd. I, Berlin 1964

Wittenberg, J. C.: Commission mixte de réclamation germans-américaine, I, 1926

Wright, Quincy: The Status of Germany and the Peace Proclamation. In: AJIL 46 (1952), S. 299—308

Zinn, Georg A.: Unconditional Surrender. In: NJW 1947/48, S. 9—13

II. Dokumentensammlungen

„Berlin. Behauptung von Freiheit und Selbstverwaltung 1946—1948". Hrsg. im Auftrage des Senats von Berlin, Berlin (West) 1959

„Die Berliner Konferenz der Drei Mächte. Der Alliierte Kontrollrat für Deutschland. Die Alliierte Kommandantur der Stadt Berlin". Sammelheft 1, SWA-Verlag, Berlin 1946

„Documents Regarding Air Access to Berlin". Hrsg. vom US-State Department. Press Release, 8. 9. 1961

„Dokumente zur Außenpolitik der Regierung der Deutschen Demokratischen Republik". Bd. I ff., Berlin (Ost) 1954 ff.

„Dokumente zur Berlin-Frage 1944—1962". Hrsg. vom Forschungsinstitut der Deutschen Gesellschaft für Auswärtige Politik e. V., Bonn, in Zusammenarbeit mit dem Senat von Berlin, 2. Aufl., München 1962 (zitiert: DzB)

„Selected Documents on Germany and the Question of Berlin 1944—1961". Presented to Parliament by the Secretary of State for Foreign Affairs by Command of Her Majesty. Commandpapers 1552. London 1961

„Die Sowjetunion und die Berliner Frage". Dokumente hrsg. vom Ministerium für Auswärtige Angelegenheiten der UdSSR. Bd. I, Moskau 1948/49

„Stalin's Correspondence with Churchill, Attlee, Roosevelt and Truman". 2 Bde., London 1958

MIX
Papier aus verantwortungsvollen Quellen
Paper from responsible sources
FSC® C105338

Printed by Libri Plureos GmbH
in Hamburg, Germany